origami mindful

origami mindful

piega la carta... dispiega la mente

Samuel Tsang

ARMENIA

«Se lo yoga è l'origami per il corpo,
l'origami è yoga per la mente».

Samuel Tsang

Samuel Tsang è un insegnante di origami che opera a Londra. Pratica l'origami fin da quando era bambino, e dal 2003 si dedica all'insegnamento di questa disciplina. Sam ha introdotto all'origami migliaia di persone, mediante workshop per tutti ed eventi di team-building presso più di 100 diverse aziende. Ha anche partecipato a un progetto entrato nel Guinness dei primati: la più grande esposizione di elefanti preparati con la tecnica dell'origami, ora in mostra permanente presso lo ZSL Whipsnade Zoo.
Sam crea bellissimi bouquet di origami, e lavora su commissione per privati e aziende. Tiene anche un workshop mensile sull'origami al Queen of Hoxton club, nella zona est di Londra. Per i dettagli potete consultare il suo sito Internet: www.sesames.co.uk.
Nato a Londra, Sam è stato educato secondo i valori tradizionali cinesi: un misto di buddismo, taoismo e confucianesimo. Ora vive nella parte ovest della capitale britannica con la moglie e le due figlie, in una casa traboccante di origami.

www.mindfulorigami.com
@mindfulorigami #mindfulorigami

www.mindFOLDness.com
@mindFOLDness #mindFOLDness

basi

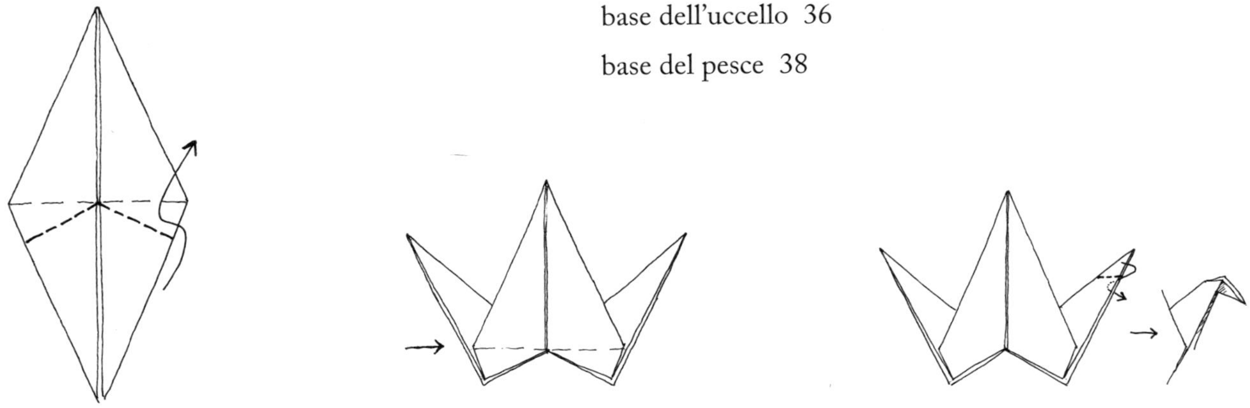

semplici modelli tradizionali

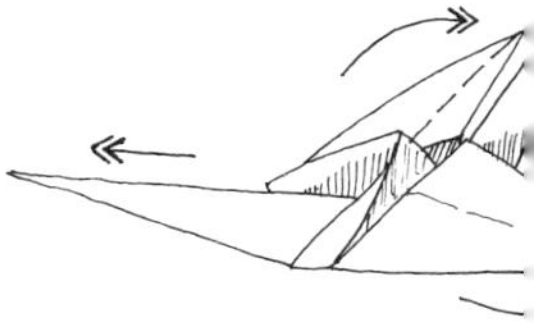

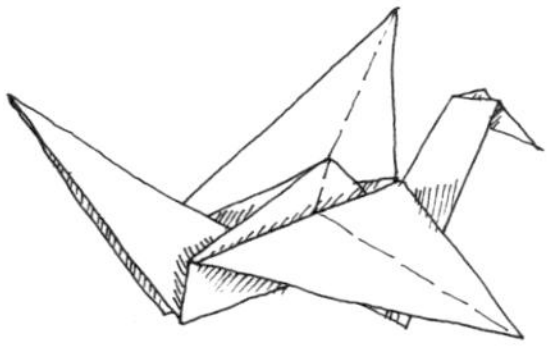

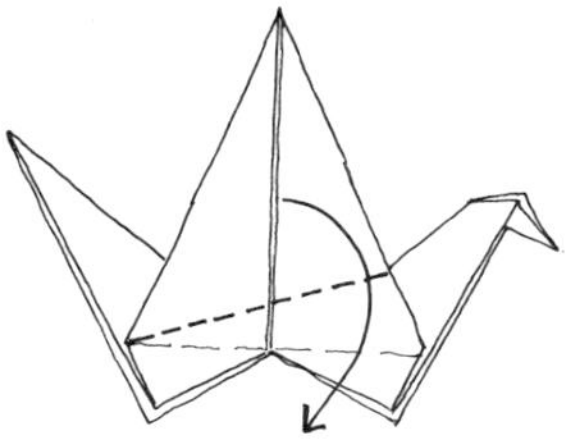

modelli avanzati

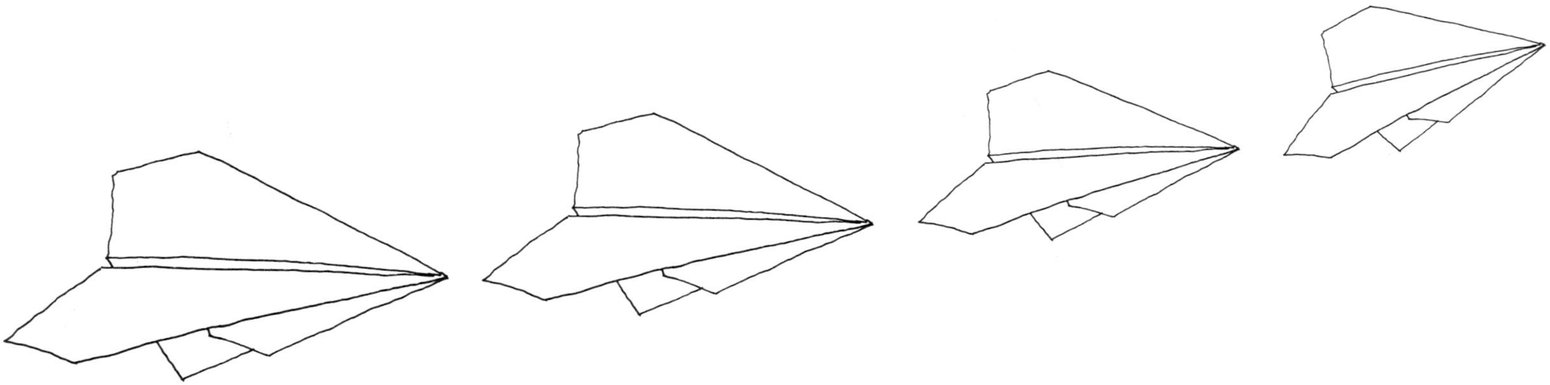

introduzione

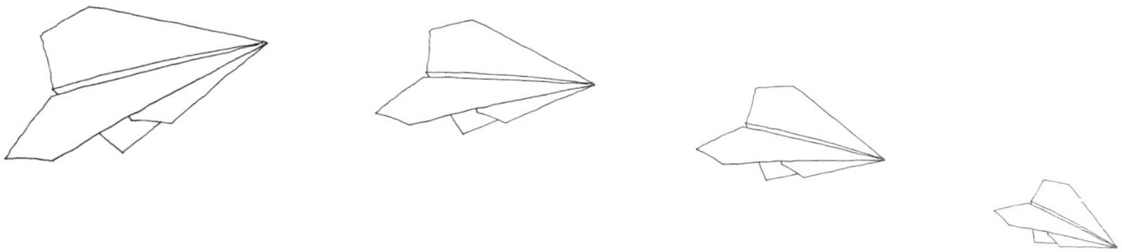

Probabilmente avete conosciuto l'origami, come la maggior parte delle persone, quando eravate bambini. In un pigro pomeriggio, magari, quando vostra mamma o vostro papà, piegato un pezzo di carta a mo' di aeroplano, lo fece volare per tutta la stanza. O forse nel parco giochi della scuola, quando un amico vi corse incontro tenendo in mano un origami «indovino» (o «inferno e paradiso»), vi chiese di scegliere un numero e un colore, e sollevò una linguetta per rivelarvi il nome di un ammiratore segreto o un qualche evento futuro.

Vi ricordate la prima volta che avete visto un origami? Cos'era? Chi l'aveva realizzato?

Ho insegnato origami per più di dieci anni, e in questo periodo molti dei miei studenti mi hanno fatto sapere che per loro l'origami non solo è divertente e rilassante, ma anche terapeutico; alcuni lo paragonano alla meditazione.

L'origami richiede l'utilizzo di mani, occhi e mente, e aiuta a imparare a concentrarsi.

Vi insegna a essere metodici, più pazienti, e può aiutarvi a migliorare la memoria e la coordinazione occhio-mano. In breve, l'origami è la strada per la mindfulness, o, come a me piace chiamarla, mindFOLDness®.*

Molte persone temono di accostarsi all'origami perché i modelli appaiono complicati, quindi pensano che si tratti di una disciplina difficile. In realtà, se siete in grado di piegare un foglio di carta a metà, siete in grado anche di realizzare origami.

È davvero facile, e i bambini lo amano. In effetti l'origami è un'attività perfetta da svolgere con i bambini, ed è utilizzata in molte scuole per insegnare frazioni e geometria. Esistono anche dei terapeuti che vi fanno ricorso per aiutare i bambini con problemi dello sviluppo. Con questo libro spero di riuscire a trasmettervi il divertimento e la magia dell'origami, e ispirarvi con il processo creativo e meditativo del trasformare un normale foglio di carta in un'opera d'arte.

---

*Il termine *mindfulness*, o «attenzione cosciente», è qui trasformato in mindFOLDness, parola ideata dall'autore mediante l'innesto del termine «piegare» (fold) e che si potrebbe tradurre con «piegare la mente» – N.d.T.

origami: l'arte di piegare la carta

Origami è il nome giapponese dell'arte di piegare la carta. Anche se oggi l'origami è comunemente associato al Giappone, si pensa che questa disciplina sia nata, in modo diverso, in Cina, Europa e Giappone, appunto.

La carta fu inventata in Cina nel 100 a.C. circa, quindi è probabile che l'origami sia nato lì; all'inizio però produrre carta era costoso e l'utilizzo di tale materiale era riservato alle cerimonie ufficiali e religiose. I primi esempi di origami risalgono ai funerali cinesi tradizionali. I soldi «spirituali» di carta venivano bruciati perché il defunto potesse utilizzarli nell'aldilà. Spesso i pezzi di carta venivano piegati nella forma di una pepita d'oro cinese tradizionale, e tale pratica è viva ancora oggi.

È in Giappone che l'origami si trasformò nella forma d'arte che conosciamo oggi. Si crede che nel VI sec. d.C. dei monaci buddisti portarono la carta nel Paese del Sol Levante, dove iniziò a essere usata per le cerimonie religiose. I preti shintoisti utilizzavano una bacchetta cerimoniale chiamata «shide», fatta di strisce di carta ripiegata. All'inizio la carta era un bene raro, quindi l'origami aveva sempre scopi cerimoniali: farfalle create con l'origami, per esempio, erano usate per decorare le bottiglie di sake durante i matrimoni giapponesi. Con l'industrializzazione del processo di fabbricazione, e con il conseguente calo dei prezzi, la carta si diffuse, e venne utilizzata per stampare libri e per insegnare ai bambini a leggere e scrivere.

Non sappiamo esattamente come l'origami vide la luce, ma mi piace pensare che fu un bambino a scoprire che poteva piegare la carta dei suoi libri di scuola per creare un uccello o una farfalla. Prima della stampa i modelli degli origami erano tramandati di padre – o madre – in figlio.

Le prime tracce dell'origami nella stampa risalgono al XVIII secolo, con il libro Hiden Senbazuru Orikata («Il segreto per creare mille gru di carta»), pubblicato nel 1797. L'origami però iniziò a diffondersi come passatempo al di fuori dei confini giapponesi solo nel XX secolo. Nel 1954 un origamista giapponese, Akira Yoshizawa, creò una serie di diagrammi formativi utilizzando frecce e puntini per indicare i diversi tipi di piegatura richiesti per creare un modello. Questa serie è ora diventata lo standard per tutti i libri di origami.

Con l’arrivo del computer negli anni ‘70 del secolo scorso, alcuni matematici e scienziati iniziarono a studiare i principi matematici che sottendono l’origami. Come accaduto altre volte, ciò che era stato avviato per curiosità accademica portò ad alcuni utilizzi inaspettati. Si scoprì che i principi alla base dell’origami potevano essere utilizzati per piegare oggetti grandi in forme più piccole e compatte, e questa conoscenza è stata usata per i pannelli solari dei satelliti, gli airbag delle auto e gli stent cardiovascolari.

Il numero di origami tradizionali è piuttosto limitato: si tratta di meno di cento modelli. Negli ultimi vent’anni, però, il numero di origami è esploso, anche grazie alla creazione di programmi per computer che sono in grado di creare nuovi modelli. La popolarità dell’origami è in crescita costante, anno dopo anno.

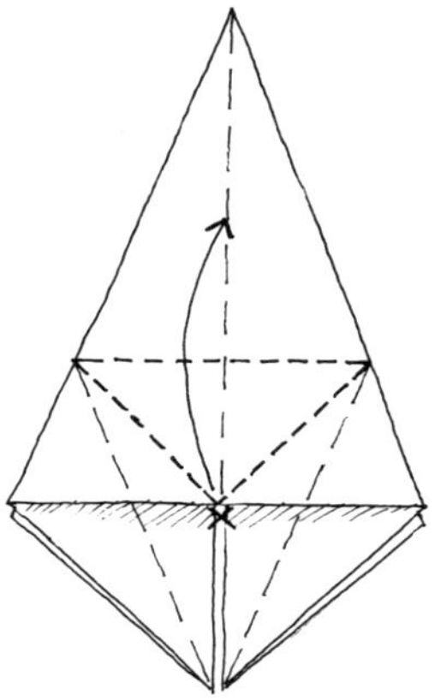

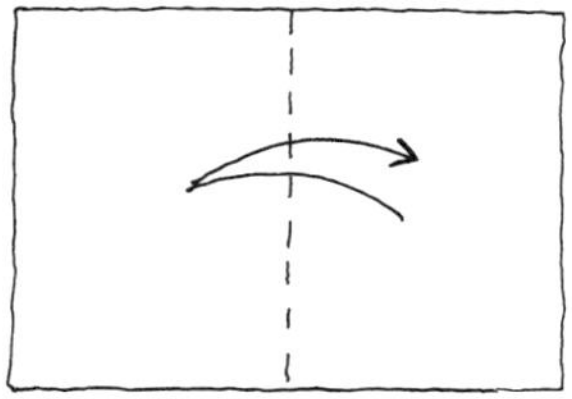

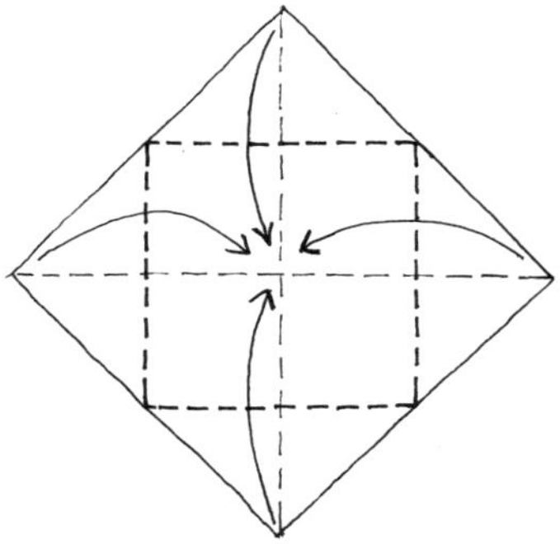

prospettiva, persistenza, pazienza e pratica

Sono più di dieci anni che insegno origami a principianti. Quando iniziai a tenere workshop qualche volta mi capitavano persone che si scoraggiavano. Una volta due partecipanti abbandonarono l'aula perché erano arrivati all'esasperazione. Mi chiedevo cosa potesse avere provocato in loro quella che mi sembrava una reazione decisamente estrema. Dopotutto, per la maggior parte delle persone, quella dell'origami è un'attività marginale. Pensavo a queste persone e arrivai alla conclusione che si sentissero frustrate perché non capivano le istruzioni che impartivo loro. Credevo che fosse un problema legato alle mie capacità come insegnante; pensavo di non essere in grado a dare istruzioni in un modo sufficientemente semplice perché tutti potessero comprenderle. Ecco il motivo dell'insoddisfazione, la ragione per cui finivano per abbandonare.

Tuttavia in una classe di quaranta, cinquanta persone di tutte le età, di diversa formazione e con livelli di abilità estremamente variegati, la maggioranza dei partecipanti capiva e completava i modelli con successo. Ancora più importante era il fatto che altre persone che non riuscivano a completare il modello non abbandonavano la pratica né sembravano minimamente scoraggiate.

Ci pensai a lungo, fino a quando non decisi di chiedere a uno dei partecipanti il motivo della sua frustrazione. La risposta fu questa: «Mi sento stupido perché non riesco a imparare una cosa tanto semplice».

Uno dei più grandi problemi della nostra generazione è la convinzione che dovremmo essere in grado di afferrare qualsiasi genere di concetto o abilità al nostro primo tentativo, quindi il fallimento nel raggiungere tale obiettivo ci fa sentire dei falliti. È forse ragionevole o razionale credere che dovremmo essere in grado di capire ogni concetto o di acquisire una nuova abilità fin dal primo contatto?

Se scoprite che non siete capaci di fare qualcosa al primo colpo, tutto ciò che significa è che la vostra mente non ha mai incontrato quel problema prima, e quindi non avete ancora acquisito le competenze necessarie a gestirlo.

Per qualcuno potrebbe sembrare una magra consolazione, ma anche le più semplici abilità come il leggere e lo scrivere richiedono anni di pratica.

L'origami sembra semplice: la capacità primaria richiesta è quella di piegare un pezzo di carta a metà. Se ci pensate, però, l'abilità fondamentale richiesta a un concertista è quella di premere un tasto del pianoforte. Ovviamente sarebbe assurdo pensare che dopo una lezione di piano sareste in grado di replicare la performance di un pianista affermato. Capite che essere un pianista affermato richiede più della capacità di premere un tasto del piano: bisogna saper leggere la musica, coordinare gli occhi e le mani, e, se servono molti mesi di pratica per raggiungere un livello discreto di abilità, immaginiamo per quanto tempo bisogna esercitarsi per diventare un concertista. Per l'origami è lo stesso. La capacità fondamentale è quella di essere in grado di piegare la carta, ma c'è bisogno anche di imparare a leggere e comprendere le istruzioni, di sviluppare la coordinazione occhio-mano e il ragionamento spaziale per capire dove piegare; bisogna poi praticare a sufficienza per imparare a piegare con accuratezza e precisione.

I modelli di questo libro sono divisi in base a diversi livelli di difficoltà. Dovreste essere in grado di completare i modelli più semplici al primo o al secondo tentativo. I modelli intermedi potrebbero richiedervi tre o quattro tentativi, e quelli avanzati molti di più (il modello più difficile, lo scoiattolo, è per chi è davvero esperto di origami; potrebbero volerci mesi prima che impariate a realizzarlo).

I modelli diventano gradualmente più difficili nel corso del libro; dovreste vedere gli origami come un rompicapo, qualcosa che potreste non essere in grado di risolvere al primo tentativo, e nemmeno al secondo, o perfino al decimo. Quando lo risolvete, però, che soddisfazione! Quando siete bloccati, ricordate che il fallimento nel completare un modello non fa di voi un fallimento; significa solo che non avete praticato abbastanza. Se vi sentite frustrati, interrompete l'attività e riprendete solo in un secondo momento, magari anche alcune settimane dopo. Se siete davvero bloccati e volete un aiuto immediato per evitare ulteriori frustrazioni, potete visitare il sito Internet www.mindfulorigami.com, dove troverete dei video in grado di aiutarvi. Vi lascio con le mie quattro P per gli origami mindful (ma valgono anche per la vita in generale!):

prospettiva – non prendetelo troppo sul serio.
persistenza – si fallisce solo quando ci si arrende.
pazienza – l'acquisizione di qualsiasi abilità richiede tempo.
pratica – solo con la pratica continua diventerete esperti.

la via per la mindfulness

Nel mondo di oggi viviamo in una condizione di fretta costante. Dal momento in cui ci svegliamo corriamo per andare al lavoro, consumiamo velocemente il pranzo per tornare alla scrivania, e saltiamo da un compito e l'altro per rispettare le nostre scadenze. Lavoriamo tanto, ci facciamo prendere dal multitasking e rispondiamo a un costante flusso di richieste che ci arrivano attraverso diversi strumenti elettronici.

Quando siamo sempre di fretta, il nostro corpo si stanca. Quando la mente viaggia troppo velocemente, tendiamo a dimenticare le cose, ci sentiamo insicuri e ansiosi. Cerchiamo costantemente di raggiungere il traguardo successivo e siamo raramente in grado di apprezzare il momento presente.

La definizione di mindfulness è quella di essere consapevoli del momento presente, senza giudicare. Mindfulness significa semplicemente essere consci e realmente consapevoli dei nostri pensieri, delle sensazioni e dell'ambiente circostante. Si può descrivere anche come il processo che porta ad acquietare la mente per liberarla dai pensieri inutili, o come l'opposto del «multitasking»: concentrare la mente sul pensiero o l'attività corrente.

Spesso siamo così presi dal cercare di completare il compito successivo che ci dimentichiamo di goderci quello che facciamo nel presente. Vivendo nel momento presente potete iniziare ad apprezzare e godervi la vita che state vivendo ed essere liberi dallo stress, dall'ansia e dalla paura. L'imparare a essere coscienti, o «mindful», vi aiuterà a bloccare i pensieri negativi, a ridurre lo stress e l'ansia. La mindfulness è stata appunto riconosciuta dal Servizio Sanitario Nazionale del Regno Unito come un metodo per ridurre lo stress e l'ansia, e promuovere il benessere mentale.

La mindfulness non è felicità, ma è direttamente connessa a essa. Non è un sistema veloce o lento per risolvere tutti i problemi della vostra vita; è solo un segnale che indica una possibile strada per la felicità.

Essere coscienti significa sapere dove ci si trova ora; tocca a voi, però, trovare il percorso corretto che vi porterà dove volete andare. La mindfulness è la bussola, o la mappa, ma dovete comunque scalare la montagna.

Non c'è un modo giusto o un modo sbagliato per praticare la mindfulness. Non si tratta di qualcosa di misurabile, ma di un processo per diventare consapevoli del proprio vero sé. Vi aiuterà a identificare le cause dello stress e della tristezza nella vostra vita; una volta che le avrete identificate potrete risolvere i problemi, evitarne le cause, o imparare a gestirli e accettarli.

Diventerete consapevoli anche di ciò che vi rende davvero felici, che non coincide con le aspettative che vi sono state inculcate dalla società.

Due sono le tendenze che mi hanno colpito negli ultimi dieci anni. La prima è la crescente popolarità di attività legate alla mindfulness, come lo yoga, il pilates, il tai chi e la meditazione. La seconda è la rinascita delle arti e dei mestieri. Credo che entrambe siano la risposta diretta al bisogno della gente di calmare la mente e rallentare la propria vita. Molte persone svolgono lavori di ufficio, sedute tutto il giorno di fronte a uno schermo del computer. Battiamo sulla tastiera, creiamo documenti di testo e fogli di lavoro che potrebbero essere utilizzati una sola volta, e poi cestinati. Nel mondo digitale il nostro lavoro è virtuale e spesso siamo solo un piccolo ingranaggio in una grande macchina. Raramente vediamo i frutti fisici dei nostri sforzi. Tutto ciò ha portato a un desiderio, perfino a un bisogno, di uno sfogo creativo: vogliamo essere in grado di creare qualcosa di reale, qualcosa che si possa toccare. L'origami fonde entrambi i bisogni: portare calma e produrre qualcosa di tangibile. Quando praticate quest'arte, le vostre mani, i vostri occhi e vostra la mente sono completamente concentrati sull'atto del creare, e voi potete ignorare le distrazioni esterne. Attraverso l'origami potete trovare la calma ed essere nel momento.

«C'è di più nella vita che limitarsi ad aumentare la velocità».
Gandhi

mindful origami

L'origami è semplicemente l'atto del piegare la carta, ma è l'intenzione e il pensiero dietro a questa azione che determina se si tratta di un atto positivo o negativo, e quindi se è «mindful» – o cosciente – oppure no. Qualsiasi attività può essere svolta coscientemente, ed è questo l'obiettivo finale: essere coscienti sempre, essere consapevoli e godersi la vita.

L'origami mindful utilizza il processo creativo della realizzazione di un modello come una pratica meditativa: i modelli che create sono una manifestazione fisica del vostro desiderio di essere più coscienti e più felici.

Nel praticare è importante ricordare che la meditazione e il processo di apprendimento sono più importanti del completamento del modello di origami. La vostra intenzione dovrebbe essere quella di meditare su un tema e di imparare l'origami. Il completamento di un modello è solo un aiuto; si tratta solo di un pezzo di carta piegata, e non ci sono conseguenze se non portate a termine il lavoro con successo.

Sono due le fasi per diventare coscienti durante la pratica dell'origami: la prima è di scivolare in una condizione mentale di calma, in cui la vostra attenzione sia totalmente rivolta al pezzo di carta nelle vostre mani. Durante questa fase non starete meditando, ma sarete concentrati, e starete imparando. In modalità apprendimento la mente, concentrata sul momento presente, bloccherà automaticamente tutti i pensieri inutili.

La seconda fase è quella meditativa. Ho creato decine di migliaia di modelli e ce ne sono alcuni che sono in grado di realizzare senza nemmeno pensarci. Quando mi ci dedico sono calmo, e posso lasciare che i miei pensieri vaghino. A volte la mia mente inizia a cristallizzare un pensiero o a richiamare alla memoria un ricordo, una persona o una sensazione associati al modello. Quando avrete imparato a creare un origami a memoria, senza fare riferimento alle illustrazioni, sarete in grado di riflettere sul suo significato – o tema – e il suo effetto o presenza nella vostra vita. Per esempio quando realizzo una gru di carta penso alla storia di Sadako Sasaki (vedi pagina 84), mentre altri modelli mi fanno pensare ad altri eventi importanti della mia vita. Ho ideato una rosa origami per mia moglie e l'ho chiamata rosa

Carmen Curler (dal metodo con cui è creata: è «curled», cioè arricciata, avvolta a spirale). Ora ogni volta che realizzo questo fiore penso a Carmen e rifletto sulla nostra vita insieme. Ho anche disegnato una tartaruga e uno scoiattolo per le mie due figlie, Cammy e Remy (vedi pagina 101 per le istruzioni per realizzare lo scoiattolo; la tartaruga è un po' complicata per i principianti, quindi non compare in questo libro). Questi modelli sono diventati per me un punto focale, un «totem» per i miei pensieri sulle persone della mia famiglia. Per completarli bastano alcuni minuti, e durante quei minuti penso solo a quella persona.

Nello yoga e nel pilates le posizioni più avanzate richiedono del tempo perché siano apprese, e potreste non riuscire a padroneggiarle al primo tentativo; per i modelli dell'origami è lo stesso. Quando guardate i vostri modelli non giudicateli né giudicate voi stessi, perché la perfezione non esiste. Se siete bloccati su un passaggio difficile, non sentitevi frustrati. Fate un respiro profondo e provate di nuovo. Se il risultato non è uguale a quello dell'immagine, non preoccupatevi: non esiste un fiore uguale all'altro. L'apprendimento è parte del processo che porta a diventare coscienti. E come per lo yoga e la meditazione, i benefici dell'origami si palesano se praticate regolarmente. Al crescere della vostra abilità, quando creerete i vostri modelli riuscirete a entrare in uno stato di coscienza «mindful». Durante la meditazione non cercate di cristallizzare i vostri pensieri o trarre conclusioni; la vera comprensione richiede tempo e fatica. Con la ripetizione imparerete a perfezionare il modello, e a quel punto sarete in grado di concentrare la vostra mente sulla meditazione e infine arrivare a una conclusione.

«Più meditate sui pensieri positivi, migliore sarà il vostro mondo e il mondo in generale».

Confucio

questo libro

Per questo libro ho scelto per voi 16 modelli di origami: 12 modelli tradizionali e 4 dei miei (l'aquilone e i 3 finali). I modelli iniziano dal più semplice e diventano progressivamente più difficili. Vi suggerisco di lavorare con metodo, dall'inizio del libro fino alla fine. Se per voi l'origami è una novità non cimentatevi subito con i modelli più complicati, perché vi demoralizzerete. Dovete imparare a camminare prima di correre.

Lavorare con calma e costanza, un passo alla volta. Controllate il passo appena concluso prima di passare oltre. Mentre piegate, studiate la carta, le linee e i colori; sentite la consistenza della carta tra le mani e prestate attenzione al suono che produce mentre la manipolate.

Ogni modello del libro suggerisce un tema su cui riflettere. Cercate di mettere in relazione ciascun modello a un pensiero, un ricordo o una sensazione, però ricordate che i temi sono solo dei suggerimenti, quindi permettete ai vostri pensieri di vagare liberamente; l'origami mindful è un'esplorazione delle vostre sensazioni, una meditazione personale. Se scoprite che qualcosa sta catturando la vostra attenzione, fermatevi e lasciate che il pensiero faccia il suo corso. Una volta che il pensiero o la sensazione sono spariti, riprendete il lavoro.

Quando completate il modello riflettete sui pensieri e le sensazioni che avete avuto mentre piegavate. Potete scriverli nello spazio al termine di ogni capitolo per costruire un registro delle vostre meditazioni o, se avete cristallizzato un pensiero particolare, un obiettivo o un'idea, potete scriverlo sul modello stesso e poi appenderlo dove sia ben visibile. Posizionando le vostre creazioni in punti dove potete vederle ogni giorno avrete dei promemoria per ricordare le vostre intenzioni. Vi incoraggio anche a regalare i vostri modelli. Donateli alle persone che conoscete e anche a completi sconosciuti, senza aspettarvi nulla in cambio. Pensatelo come un «atto mindful»: rendere felici gli altri con una piccola gentilezza.

E infine, siate gentili con voi stessi. La maggior parte dei modelli in questo libro sono per principianti, quindi non ci metterete molto a impararli; gli ultimi sono più complicati. Se vi trovate bloccati su un passaggio particolare, fermatevi, ma continuate a meditare sul tema e sull'argomento. Quando siete pronti, raccogliete il modello e giratelo lentamente tra le mani, notando la posizione di ogni piega e ogni margine. Rileggete il passaggio su cui siete bloccati e provate ancora. Ricordate: l'apprendimento è mindful tanto quanto la pratica dell'origami.

carta

I modelli di origami possono essere realizzati con qualsiasi tipo di carta. Per lo più si utilizzano fogli di forma quadrata, ma ci sono molti esempi in cui si parte da carta di forma rettangolare, pentagonale, esagonale e ottagonale. Il primo modello di questo libro, per esempio, è una busta che può essere realizzata partendo da un normale foglio A4. A pagina 31 ci sono istruzioni su come ricavare un quadrato da un rettangolo; dovrete utilizzare questo sistema per i modelli di casa, albero, indovino e mulino a vento. Per i restanti 11 modelli ci sono pagine staccabili alla fine del libro, che riportano delle linee corrispondenti alle linee di piegatura. Seguendo i segni e le istruzioni del libro dovreste essere in grado di completare i modelli con maggiore facilità.

Gli schemi di piegatura vi danno un'altra possibilità di espressione artistica: colorate le diverse aree e cercate di capire cosa vi rivela il vostro subconscio. C'è anche uno schema misterioso: piegate e scoprite di cosa si tratta. Potete anche stampare altri fogli con linee di piegatura visitando il sito Internet www.mindfulorigami.com e scaricando i pdf gratuiti.

La carta per l'origami si può trovare nei negozi che vendono materiale artistico, oppure online. È disponibile in diverse misure, colori e consistenze. I più piccoli modelli di gru origami misurano 0,1 mm e devono essere osservati al microscopio, mentre il più grande ha le dimensioni di un campo da football. La carta per origami più comune misura 15 x 15 cm; per questo formato è disponibile la più ampia gamma di modelli, colori e consistenze. È il formato più famoso, ed è quello che può essere manipolato e piegato con maggiore facilità: non è tanto piccolo da diventare difficile da gestire per una persona adulta, e non è troppo grande al punto da rendere difficile il processo di piegatura.

Il peso e lo spessore della carta vanno solitamente dai 60 agli 80 grammi per metro quadrato, ma qualsiasi carta va bene ammesso che si riesca a piegare (non consiglio però di utilizzare carta più spessa di 140 grammi per metro quadrato, difficile da piegare perché rigida e tendente a rovinarsi lungo le linee di piegatura).

Se siete principianti dell'origami potete utilizzare carta A4 standard e ricavarne un quadrato. Dopo aver padroneggiato alcuni modelli base potete anche pensare di acquistare carte tradizionali per origami colorate.

14 passi per la mindFOLDness®

1. Lavatevi le mani. Potete considerarlo un rituale di purificazione, ma in realtà è solo per evitare di lasciare impronte di unto sul vostro modello.

2. Sedetevi in un luogo confortevole e tranquillo, davanti a un tavolo. Rilassate il corpo e liberate la mente.

3. Leggete con cura le istruzioni di ogni modello prima di iniziare a piegare.

4. Pensate al tema della storia. Chiudete gli occhi, se vi aiuta. Cercate di richiamare alla memoria un ricordo legato al tema proposto.

5. Quando siete pronti iniziate a piegare seguendo con cura ogni passo.

6. Meditate. Lasciate che i vostri pensieri vaghino liberamente.

7. Mentre piegate usate consciamente i vostri sensi. Osservate le linee e le ombre, sentite la consistenza della carta, ascoltate i suoni.

8 Fate una pausa per verificare di avere seguito ogni passaggio correttamente.

9 Continuate a piegare fino al completamento dell'origami.

10 Ora prendete il modello e apprezzate ciò che avete creato. Ben fatto!

11 Ogni volta che piegate e meditate registrate i vostri pensieri e le sensazioni nello spazio che trovate alla fine di ogni capitolo. Se avete cristallizzato dei pensieri, scriveteli sul modello stesso.

12 Posizionate o appendete il modello in un luogo ben in vista: ogni volta che lo vedrete lo assocerete a quel determinato pensiero o ricordo.

13 Ripetete il modello fino a quando non riuscite a realizzarlo a memoria, poi sarete in grado di concentrarvi solo sulla meditazione.

14 Eseguite atti di gentilezza regalando i vostri origami senza aspettarvi nulla in cambio.

simboli utilizzati: trattini, puntini e frecce

In questa sezione trovate i simboli indicanti le piegature utilizzate nel libro. Se l'origami per voi è cosa nuova, dovrete leggere e praticare ognuna di queste piegature prima di iniziare a lavorare sui modelli. Consideratelo un esercizio di riscaldamento.

piega a valle

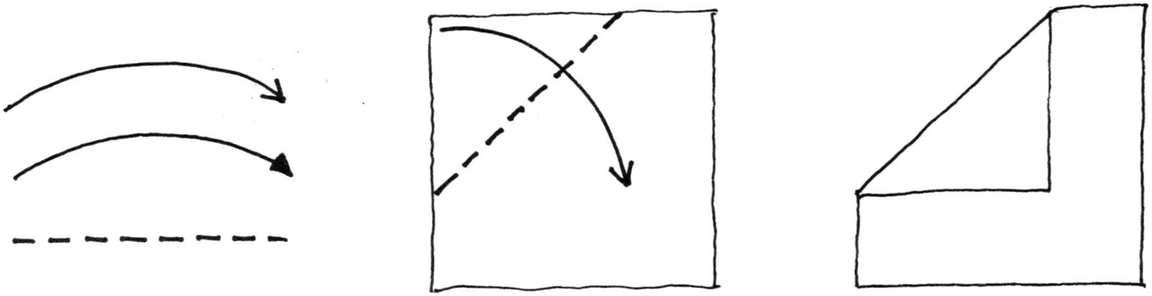

Questa è la piega origami più elementare, rappresentata da una linea composta da trattini e da una freccia che indica la direzione di piegatura. Piegate la carta verso di voi, definendo bene la piega lungo la linea. Se guardate la piaga di lato avrà l'aspetto di una V rovesciata.

piega a monte

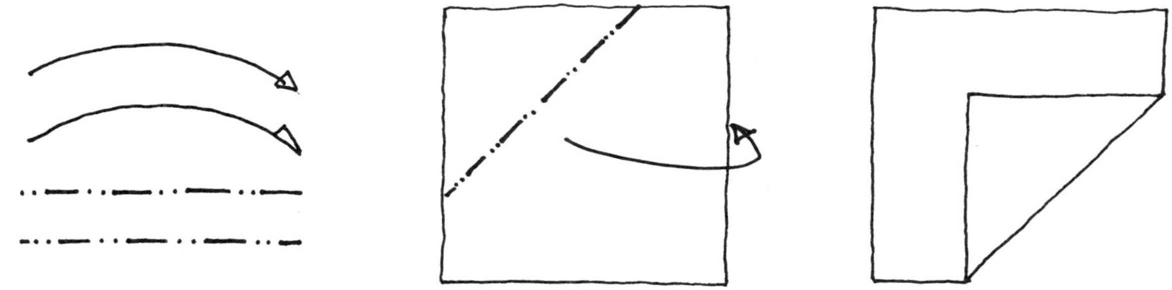

Una piega a monte è indicata con una linea composta da successioni trattino-punto-punto-trattino, e da una freccia che indica la direzione di piegatura. Piegate la carta in modo che finisca dietro se stessa (verso la direzione più lontana da voi), così che si crei una piega che ricorda la cima di una montagna.

piegare e riaprire

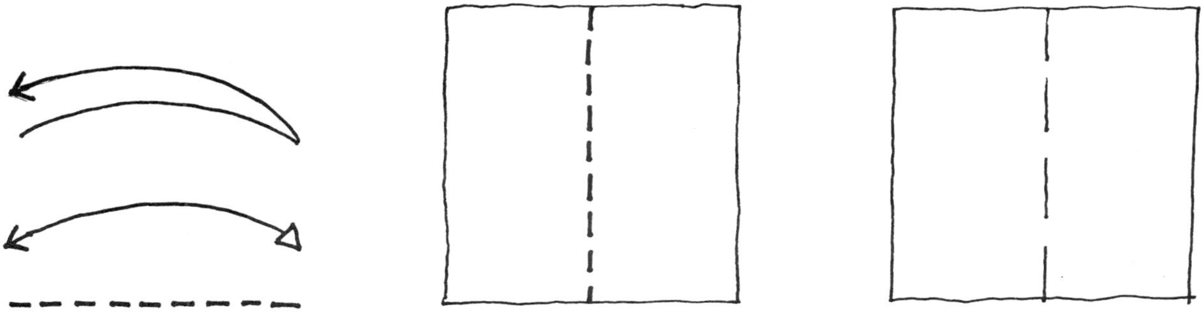

Questo simbolo significa che la carta è piegata a metà, poi di nuovo aperta. Il risultato è una linea di piegatura che sarà utilizzata in un secondo momento.

rovesciare (e linea invisibile)

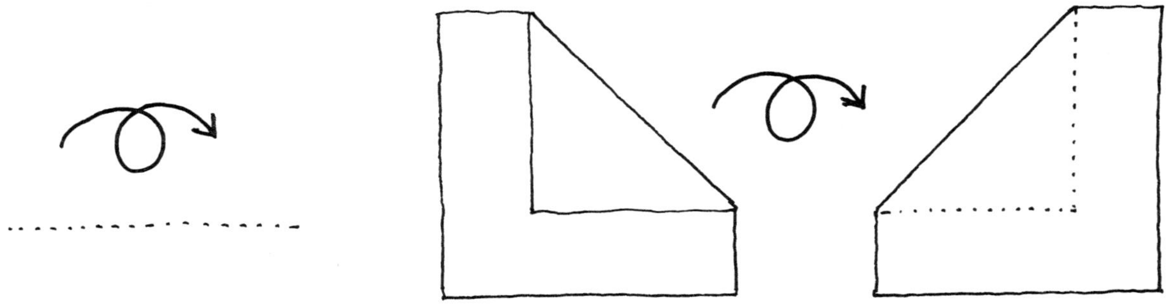

Questo simbolo indica che dovete rovesciare il modello. La linea tratteggiata indica il bordo della carta ora nascosto.

ruotare

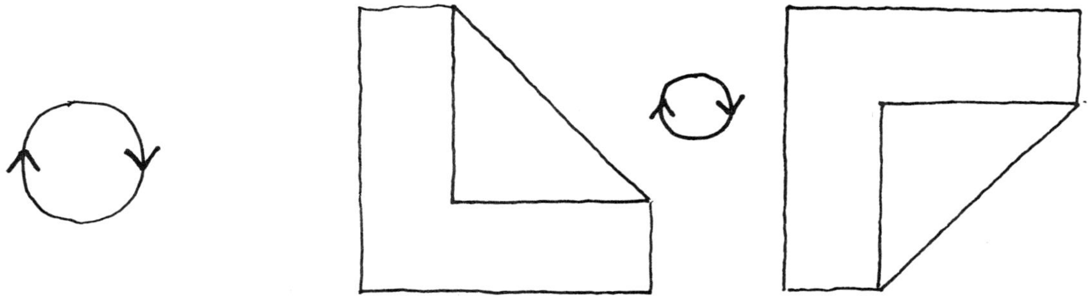

Questo simbolo significa che dovete ruotare la carta. La freccia indica la direzione di rotazione (oraria o antioraria) e il numero al centro indicherà se dovete ruotare di 90 o 180 gradi.

contropiega interna

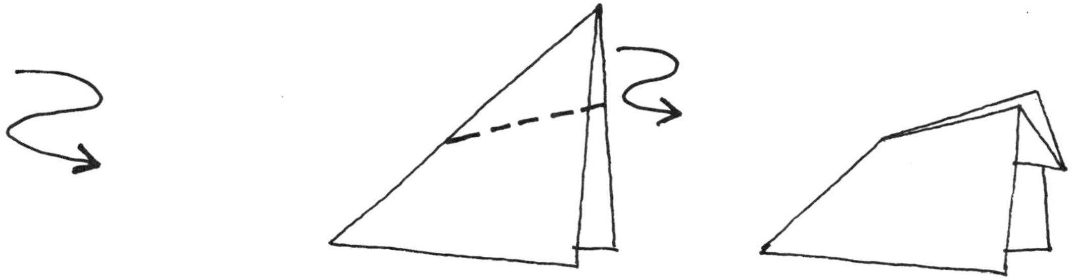

Per eseguire una contropiega interna dovete premere sulla piega in modo che venga spinta verso l'interno. Il modo più facile per creare una contropiega interna è quello di fare come prima cosa una piega a valle sulla linea tratteggiata, poi riaprire e premere sulla piega.

contropiega esterna

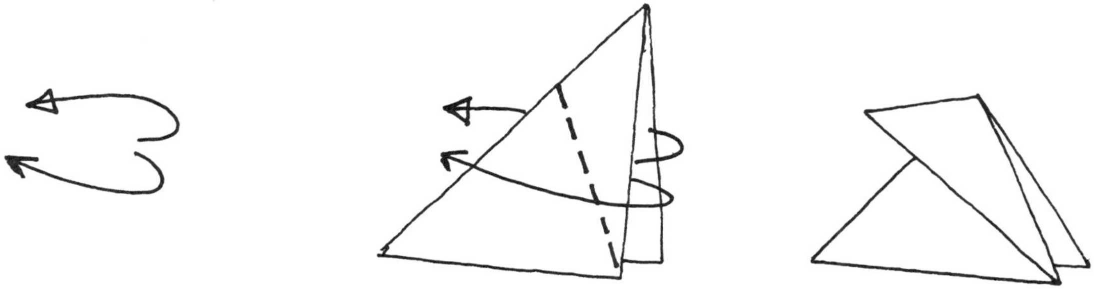

Per creare una contropiega esterna dovete tirare i due bordi indicati sopra la carta. È come quando vi coprite la testa il cappuccio dell'impermeabile che state indossando. Come per la contropiega interna, il modo più semplice per realizzare una contropiega esterna è di iniziare con una piega a valle sulla linea tratteggiata, poi riaprire e utilizzare la piega per produrre la contropiega esterna.

piega da punto a punto

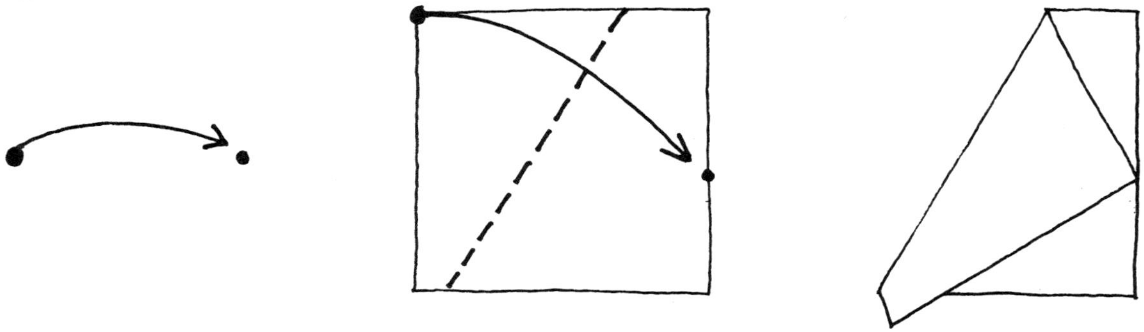

Questo simbolo significa che dovete piegare lungo la linea tratteggiata in modo che i due punti indicati si sovrappongano.

piega a fisarmonica

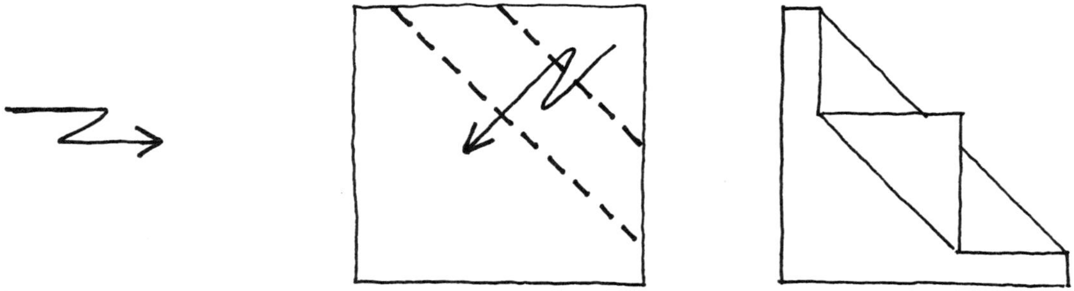

La piega a fisarmonica indica che dovete piegare due volte. Per prima cosa eseguite una piega a valle, poi una piega a monte, in modo da creare una doppia piega come mostrato nella figura.

aprire

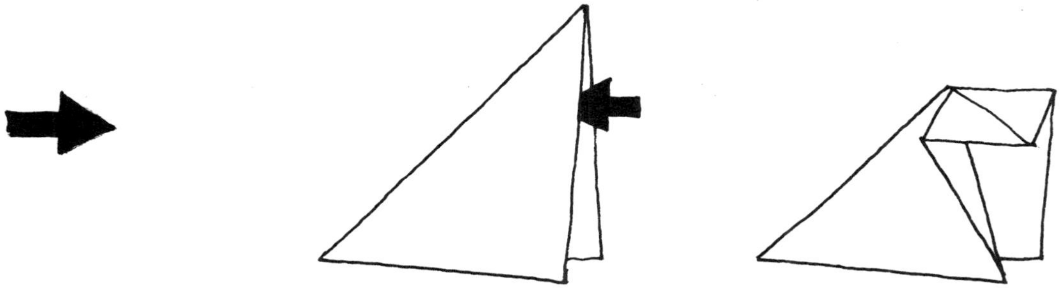

Una freccia come questa indica che dovete aprire il modello separando i due bordi della carta dove indicato. Solitamente quando vedete questo simbolo esistono delle pieghe eseguite in precedenza, in modo che l'apertura avvenga lungo linee naturali e il modello mantenga la forma.

tirare

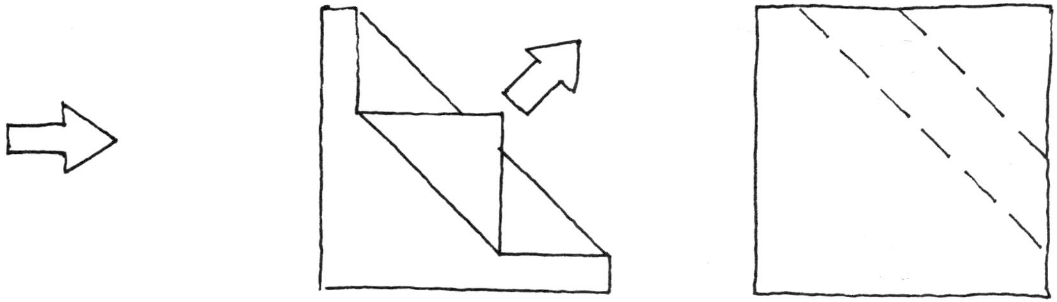

Semplicemente tirate nel punto in cui è indicato.

pieghettatura interna

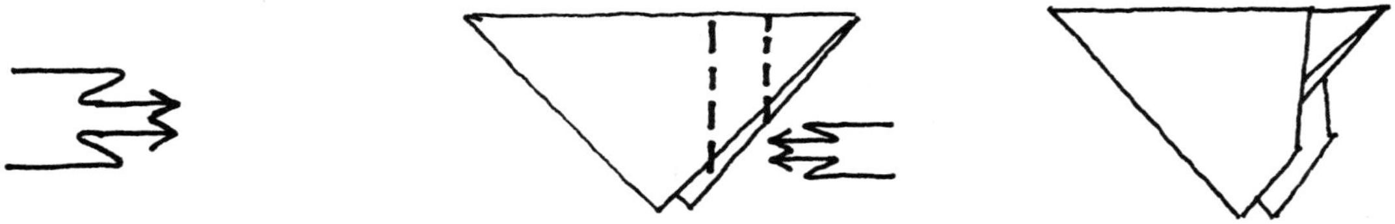

Questo simbolo indica che dovete creare pieghe su entrambi gli strati e poi che dovete far affondare una piega nell'altra. Un altro modo di spiegare questa operazione è di eseguire una contropiega interna e poi un'altra contropiega interna nella direzione opposta. Di fatto state creando una pieghettatura nella sezione indicata.

pieghettatura esterna

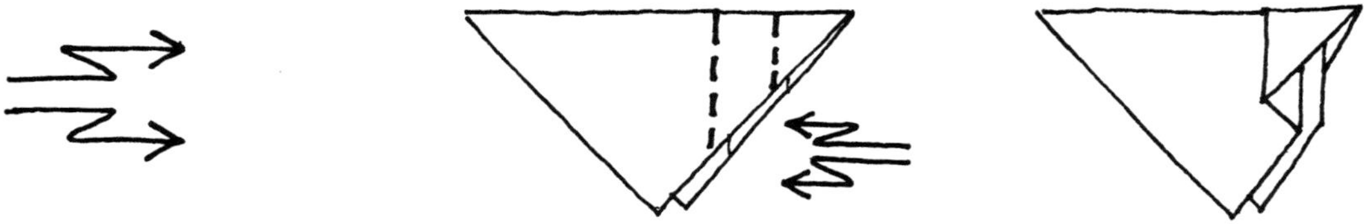

È come una pieghettatura interna rovesciata, quindi si esegue con una contropiega esterna e poi un'altra contropiega esterna nella direzione opposta. Di nuovo, dovete creare pieghe su entrambi gli strati.

affondare

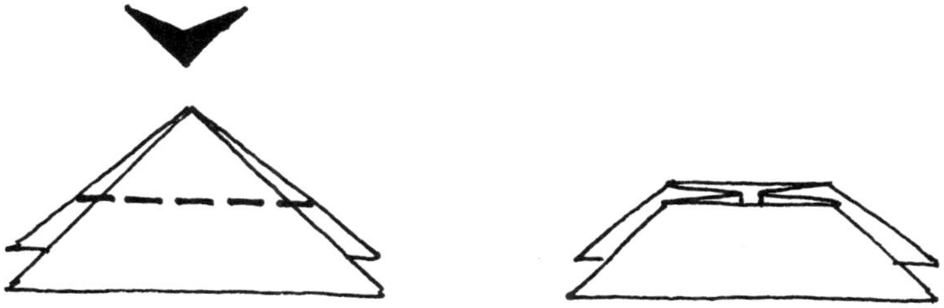

Questo tipo di piega spinge una parte del modello all'interno. Il modo più semplice per realizzare una piega affondata è quella piegare e aprire su tutti gli strati seguendo la linea tratteggiata, per poi spingere gentilmente sul punto indicato in modo da farlo affondare nella sezione interna.

gonfiare

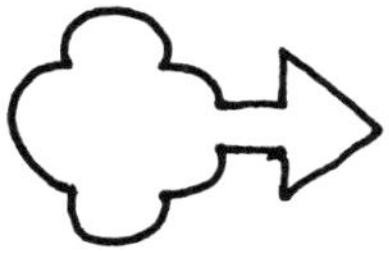

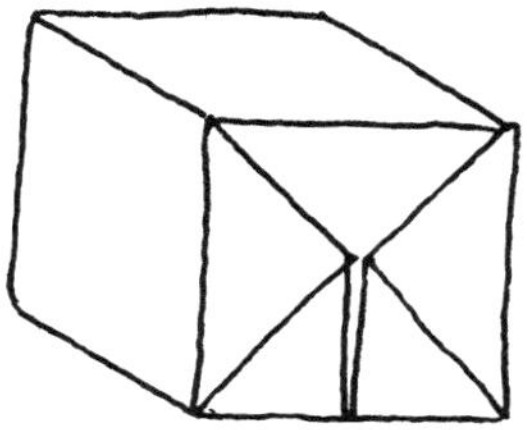

Questo simbolo significa che dovete soffiare nel buco per gonfiare il modello. Prima di gonfiare, assicuratevi che la vostra bocca sia asciutta, in modo da non bagnare e rovinare il vostro origami. Non tenete troppo stretto il modello quando soffiate perché altrimenti non riuscirete a gonfiarlo totalmente..

basi

Le basi descritte in questa sezione sono le forme di origami più elementari, e il punto di partenza per un vasto numero di modelli. Sono le fondamenta del vostro lavoro; imparando a realizzare queste basi in modo accurato riuscirete a creare modelli complessi senza scoraggiarvi. Se la base non è precisa le linee di piegatura e i bordi saranno disallineati, e troverete difficile portare a termine l'origami. Dovete imparare a camminare prima di poter correre, quindi, come per i simboli, esercitatevi con queste basi prima di dedicarvi alla realizzazione dei modelli.

creare un quadrato da un foglio di carta rettangolare

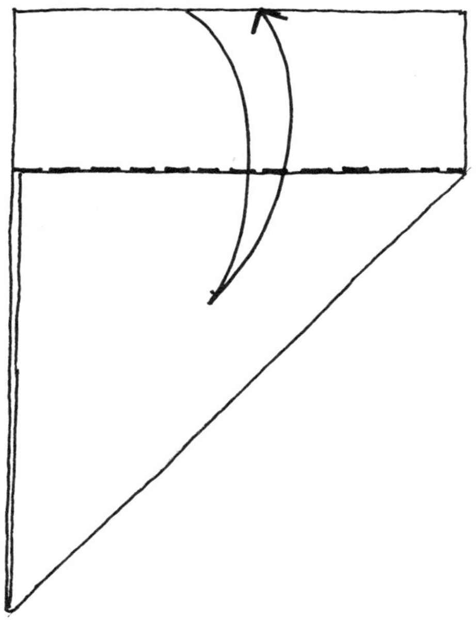

passo 1

Eseguite una piegatura a valle e poi riaprite lungo la linea tratteggiata. L'angolo inferiore destro deve incontrare il bordo sinistro

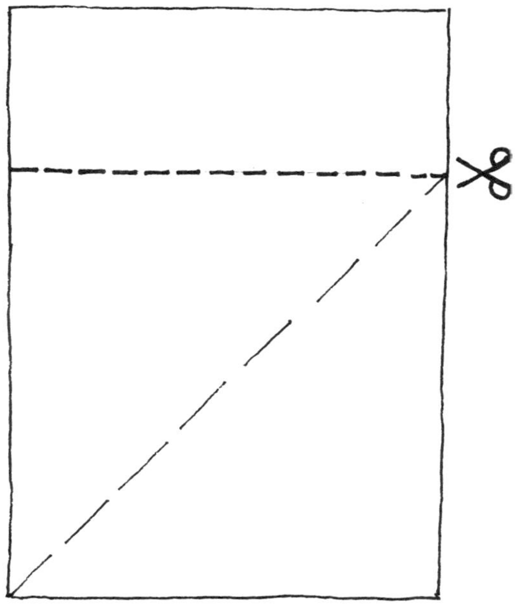

passo 2

Tagliate lungo la linea con i trattini corti e otterrete un quadrato perfetto..

base quadrata

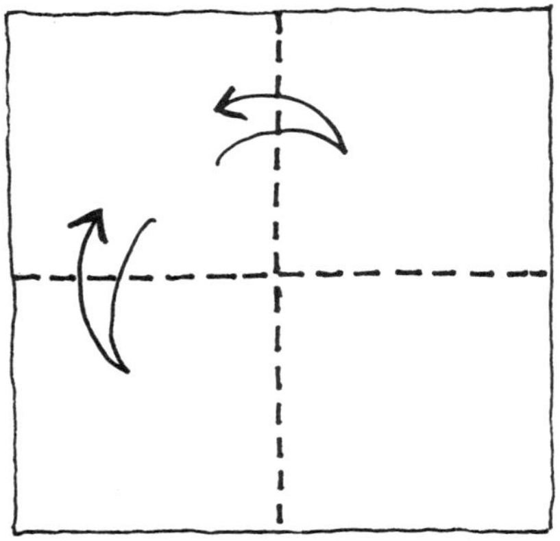

passo 1

Per prima cosa dovrete eseguire delle piegature per ottenere dei quadrati. Iniziate con il lato bianco della carta rivolto verso di voi. Piegate e aprite lungo le due linee tratteggiate, orizzontale e verticale.

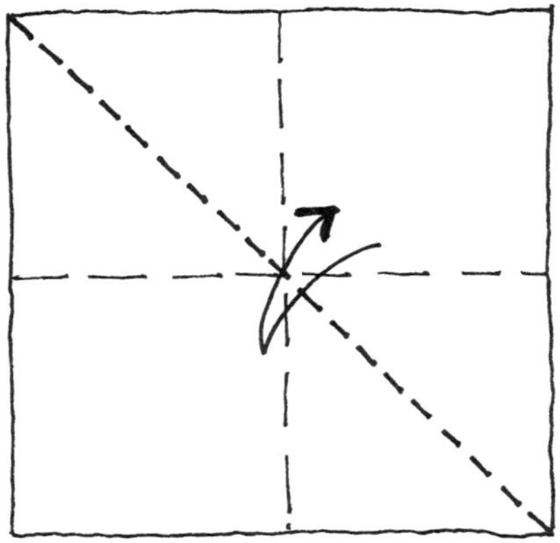

passo 2

Piegate e aprite lungo una delle diagonali. Piegate da angolo ad angolo cercando di essere il più possibile precisi.

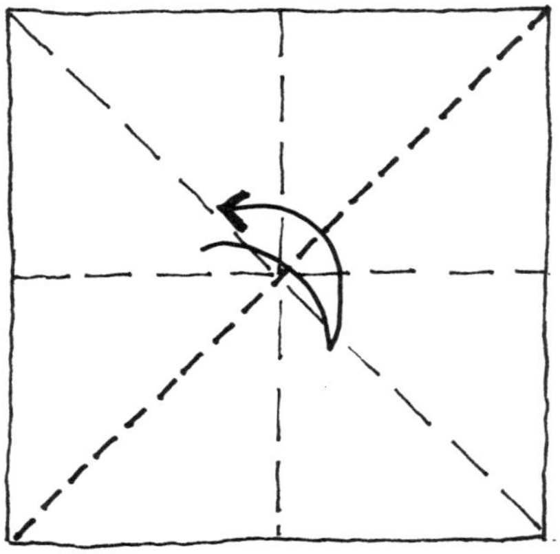

passo 3

Capovolgete il foglio di carta in modo che il lato colorato sia rivolto verso di voi. Piegate e aprite l'altra diagonale, ancora da angolo ad angolo.

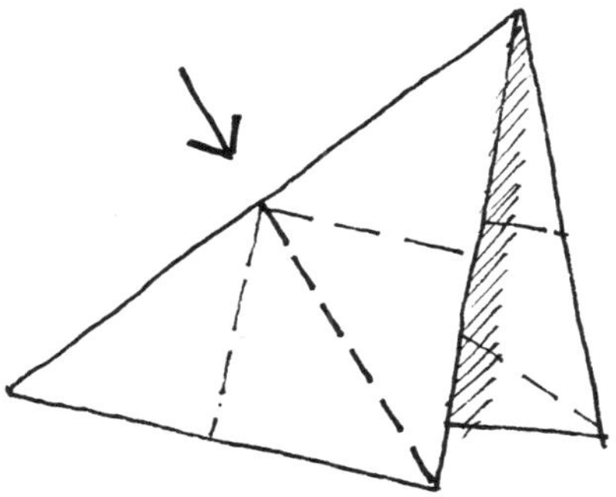

passo 4

Capovolgete di nuovo il modello, che ora dovrebbe reggersi in piedi come una tenda indiana. Ora ripiegherete la tenda facendola collassare su se stessa. Spingete verso il basso nel punto centrale come indicato, in modo da iniziare ad appiattire il modello.

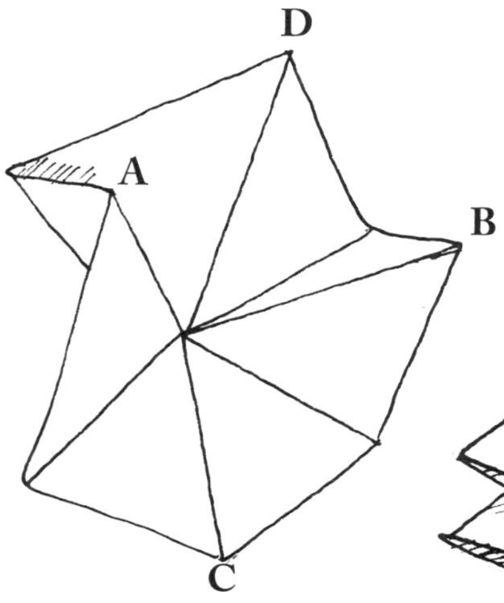

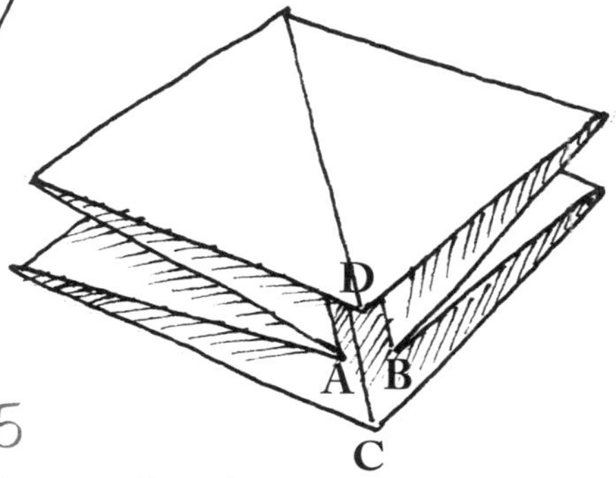

passo 5

Due degli angoli (A e B) inizieranno a protrudere; portateli uno vicino all'altro. Poi unite gli altri due angoli (C e D) e l'intero modello collasserà verso il basso a creare una base quadrata.

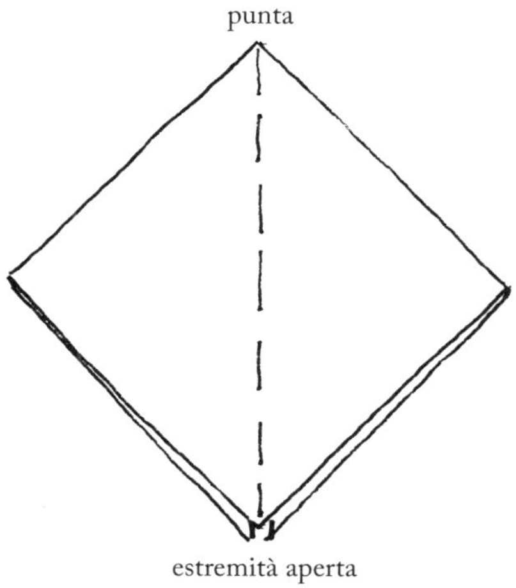

La maggior parte dei modelli di base dell'origami inizia con la base quadrata o triangolare (vedi pagina 24), quindi vi invito ad acquisire familiarità con questa base, prima di passare oltre. Notate che ha una punta e un'estremità aperta, oltre ad avere quattro rami. L'origami si basa sulla simmetria, quindi qualsiasi piegatura eseguiate su un ramo dovrà essere ripetuta sugli altri tre rami.

base triangolare

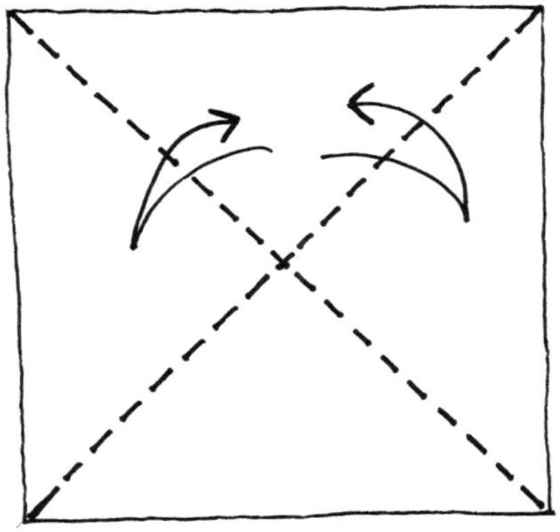

passo 1

Iniziate con il lato bianco della carta rivolto verso di voi. Piegate a valle entrambe le diagonali, da angolo ad angolo.

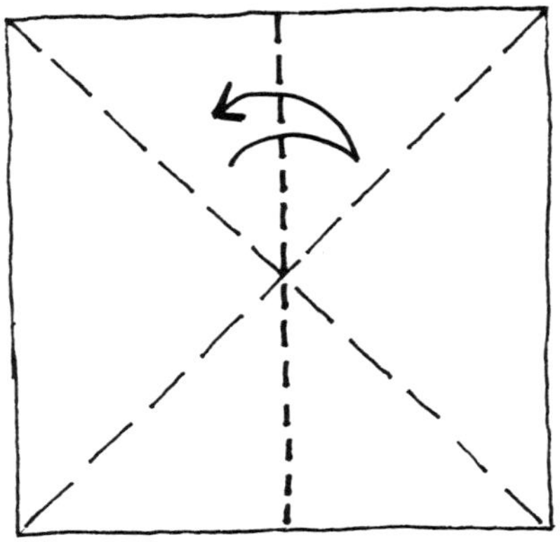

passo 2

Piegate a valle e riaprite lungo la linea verticale.

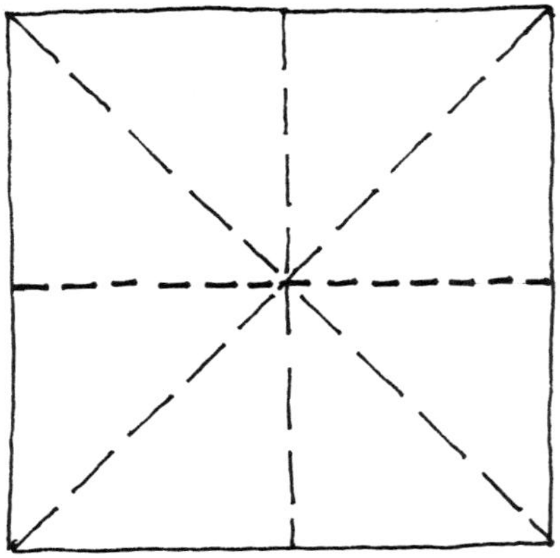

passo 3

Capovolgete la carta in modo che il lato colorato sia rivolto verso di voi, e piegate a valle lungo la linea orizzontale.

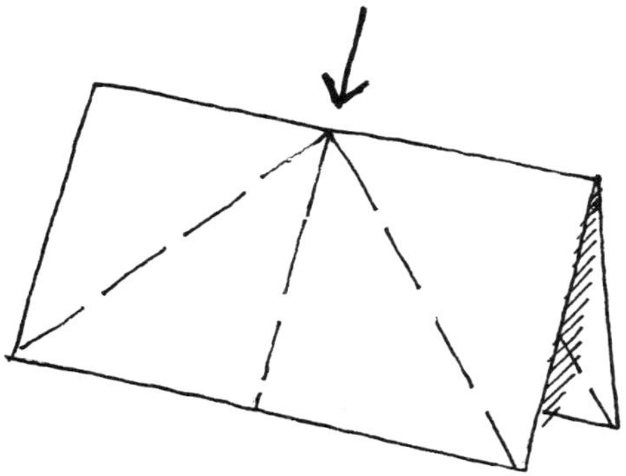

passo 4

Girate di nuovo il modello in modo che il lato bianco della carta sia rivolto verso di voi; dovrebbe reggersi in piedi, come una tenda. Ora smonterete la tenda facendola collassare su se stessa. Premete verso il basso sul punto indicato per iniziare ad appiattirla.

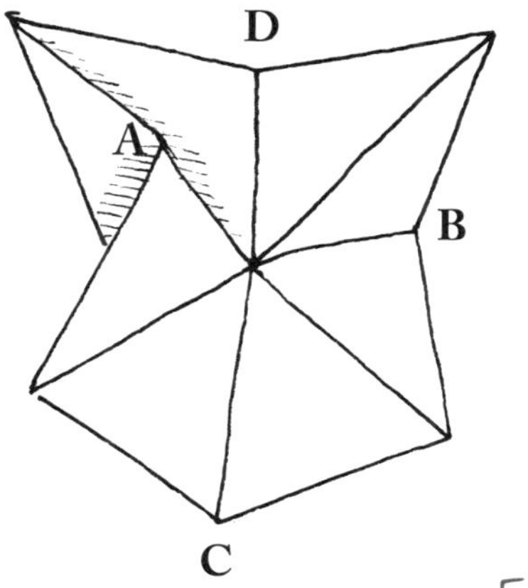

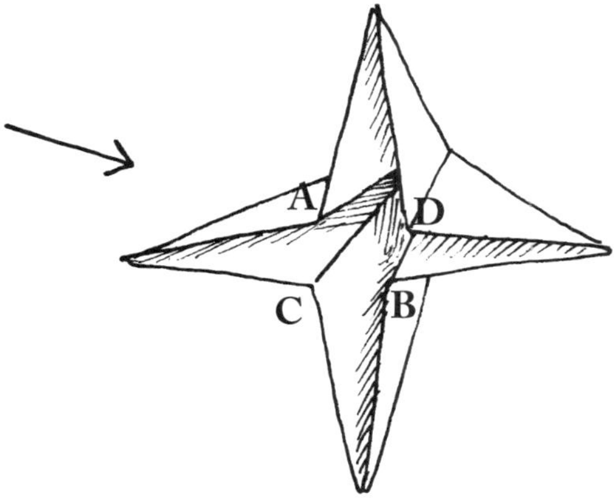

passo 5

Mentre premete verso il basso, unite i punti A e B. Poi unite anche i punti C e D. Appiattite il modello che formerà così la base triangolare.

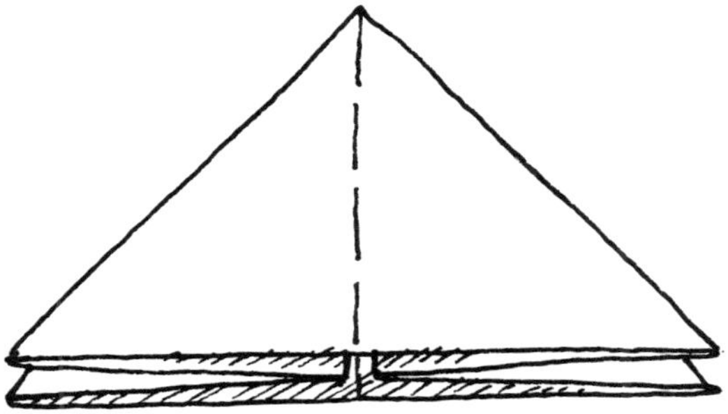

Acquisite familiarità con questa base prima di passare ai modelli.

base dell'uccello

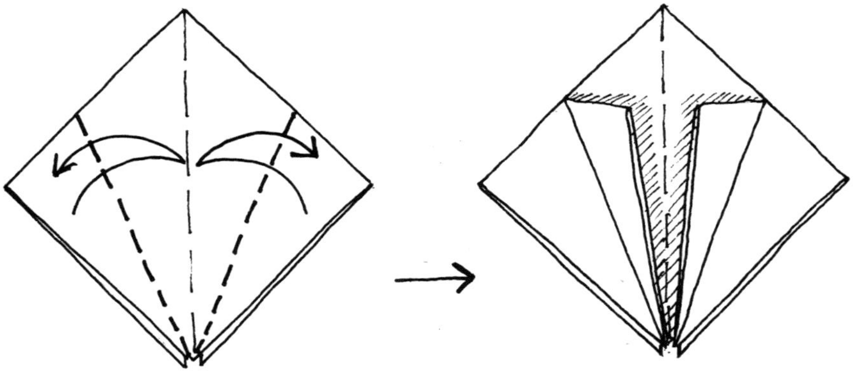

passo 1

Iniziate preparando una base quadrata (vedi pagina 32). Piegate a valle i due strati superiori, poi riaprite.

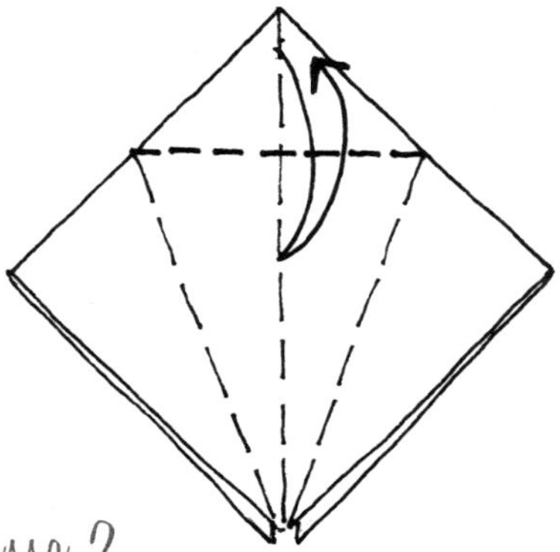

passo 2

Piegate a valle il triangolo superiore, verso il basso.

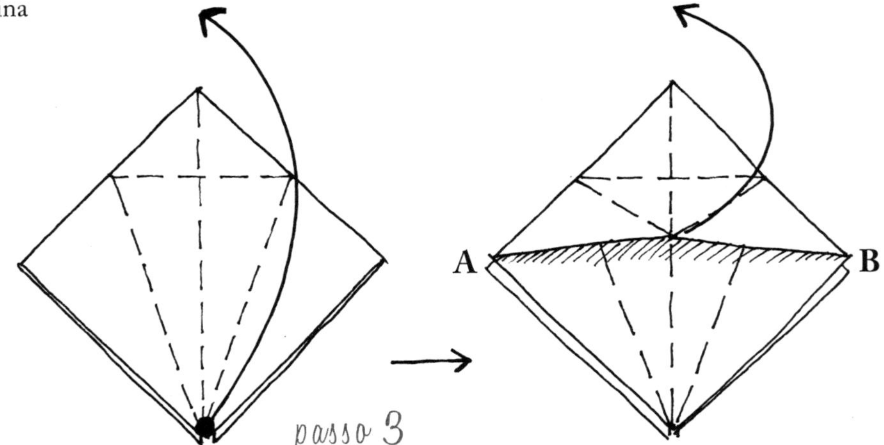

passo 3

Piegate a valle solo lo strato superiore sollevandolo dal punto indicato; farà perno sulla linea tratteggiata e i punti A e B si avvicineranno l'uno all'altro.

passo 4

Premete verso il basso i punti A e B, in direzione della linea centrale, e appiattite il modello. A questo punto capovolgetelo e ripetete i passi da 1 a 4 sul lato opposto. Otterrete un modello piatto, a diamante. I passi 3 e 4 sono conosciuti anche come «piegatura a petalo».

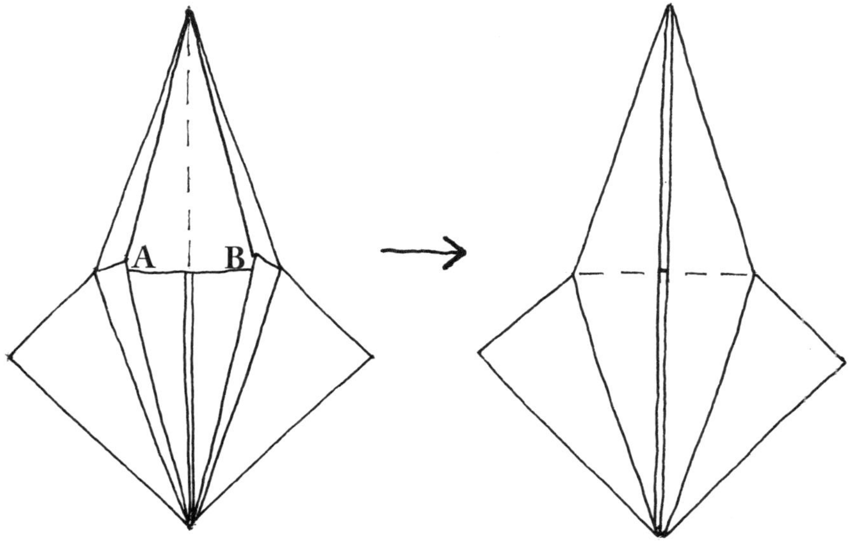

Questa viene chiamata base dell'uccello perché viene utilizzata come punto di partenza per molti modelli di uccello. Se la guardate di lato, vedrete che ha una gobba a triangolo nel mezzo, che rappresenta il corpo dell'uccello. Presenta anche due ali parallele, e quelle che sembrano due gambe diventeranno spesso la testa e la coda dell'uccello.

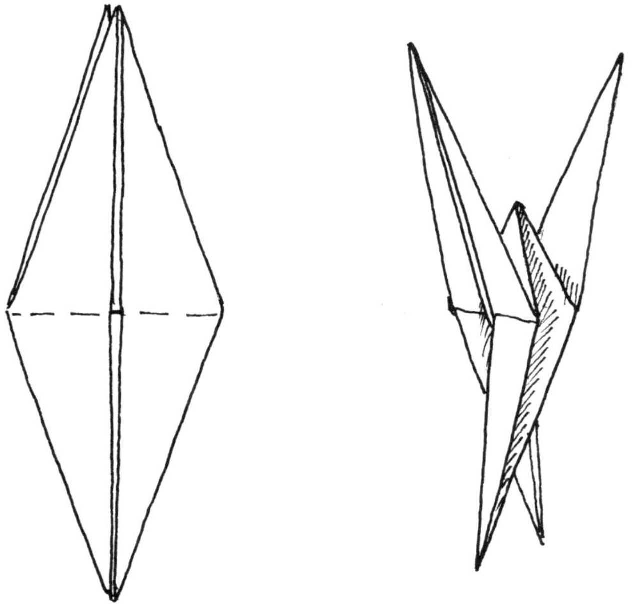

base del pesce

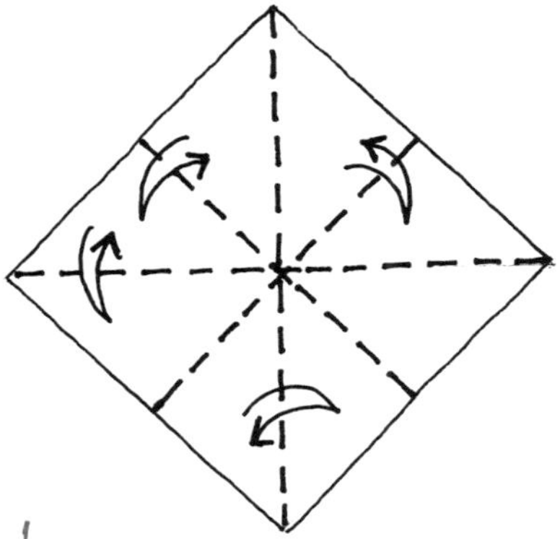

passo 1

Piegate a valle e riaprite lungo ciascuna linea tratteggiata.

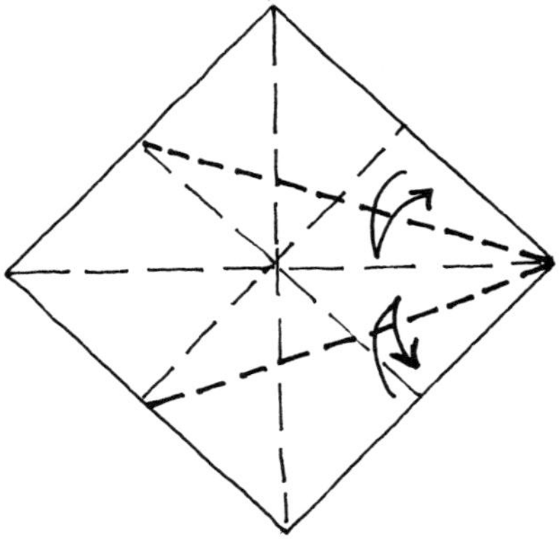

passo 2

Piegate a valle e riaprite lungo le linee a trattini piccoli.

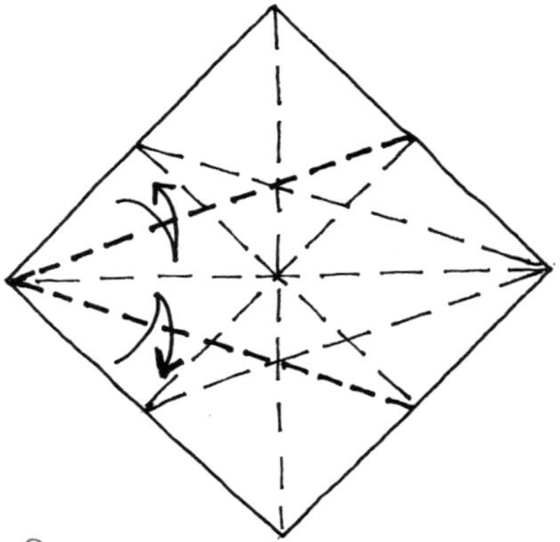

passo 3

Piegate a valle e riaprite lungo le linee a trattini piccoli.

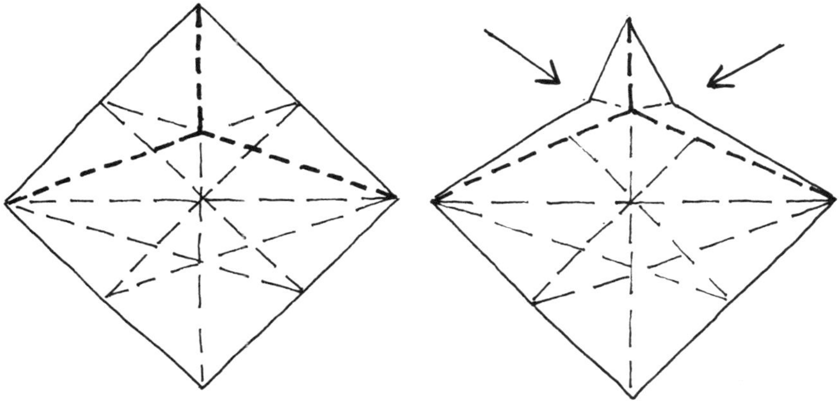

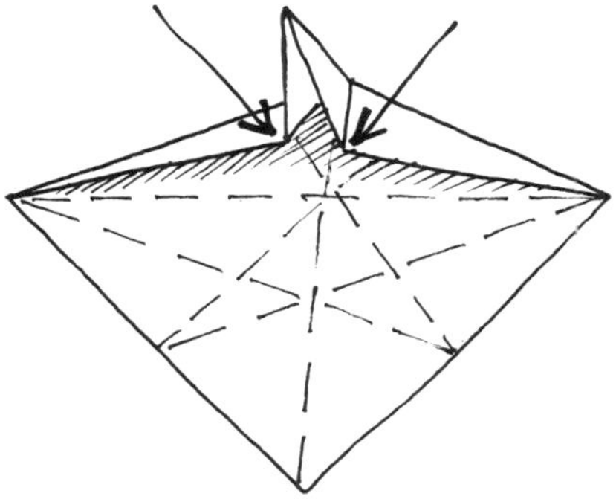

passo 4

Piegate a valle lungo le linee tratteggiate. Mentre piegate, premete verso il basso sui bordi, dove indicato dalle frecce, per appiattire il modello.

passo 5

Premete verso il basso sui punti indicati; i bordi si appiattiranno e formeranno una pinna triangolare. Ora ripetete gli ultimi due passi sulla metà inferiore.

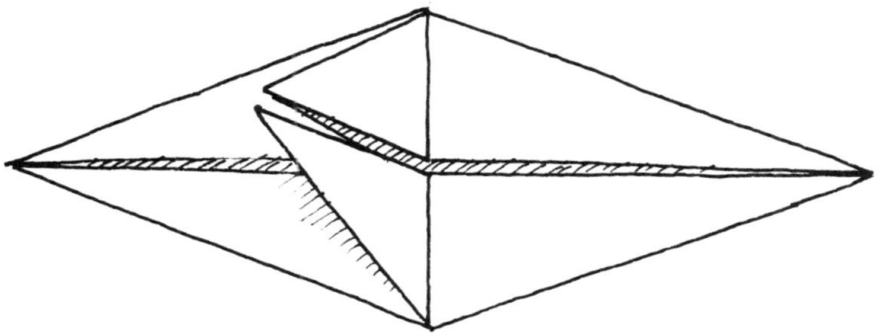

Questa viene chiamata base del pesce perché serve come punto di partenza per molti modelli di pesce. Noterete le due alette triangolari su ogni lato, che possono essere utilizzate come pinne.

«Base di uccello» e «base di pesce» sono i nomi dati a queste basi dalla comunità origami, ma ciascuna base può essere utilizzata per creare forme infinite di oggetti e animali; per esempio in questo libro la base di pesce è il punto di partenza per creare un elefante (vedi pagina 94). La storia dei fossili, tra l'altro, ci dice che l'elefante ha davvero degli antenati acquatici...

«La gentilezza è la ricompensa di se stessa».
Proverbi 11:17

busta 信封

Pensate all'ultima volta che avete sentito il rumore della vostra cassetta delle lettere, e che vi site accorti che si trattava di una busta. Forse avete distolto lo sguardo con indifferenza, dando per scontato che quell'astuccio di carta ripiegata contenesse una bolletta? La umile busta, però, non nacque come portatrice di richieste; iniziò come portatrice di doni. Inventata in Cina, la busta fu originariamente utilizzata per incartare doni o soldi per gli ufficiali di corte, una tradizione ancora osservata in Cina, in chiave simbolica, all'inizio del nuovo anno. Per celebrare l'inizio dell'anno gli adulti offrono piccole buste rosse contenenti denaro alle generazioni più giovani. E le stesse buste rosse sono utilizzate anche per festeggiare compleanni, diplomi o lauree, matrimoni.

Mentre piegate la vostra carta, meditate sulla gentilezza che ispira l'atto del dare a un'altra persona. La gentilezza può concretizzarsi nel donare soldi a enti di beneficenza o nelll'offrire il vostro posto sul treno a qualcuno che ne ha più bisogno di voi. Ora pensate a quando siete stati voi a ricevere un atto gentile. Meditate sull'atto di gentilezza, sui pensieri e le sensazioni legate all'esserne il fautore e il ricevente.

riflessioni

Un anno, per il compleanno di mia moglie, realizzai un grande puzzle della nostra prima foto insieme. Misi i pezzi del puzzle in buste create con questo metodo e le nascosi in ogni angolo della casa. Ogni busta conteneva un indizio che permetteva di trovare la busta successiva. Lei passò due giorni a cercare di risolvere ogni indizio, tentando di trovare tutti i pezzi del puzzle. Il suo sorriso mi fece capire che ne era valsa la pena.

Per questo modello occorre un pezzo di carta rettangolare; un foglio A4 è perfetto per lo scopo..

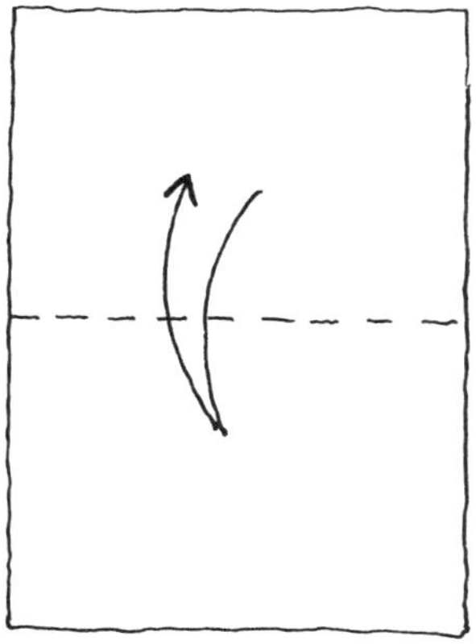

passo 1

Piegate a valle e riaprite lungo la linea tratteggiata.

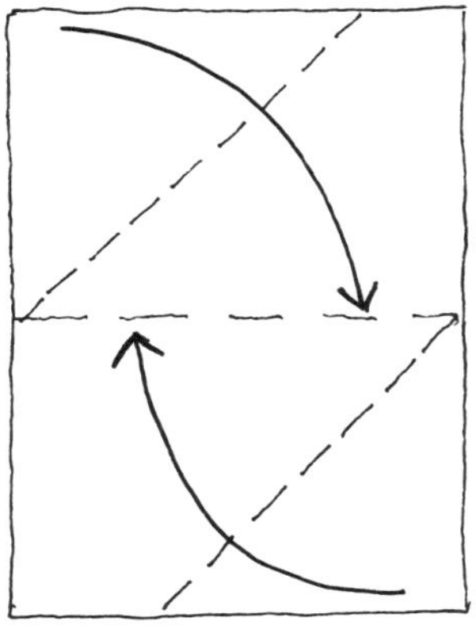

passo 2

Piegate a valle lungo ciascuna linea tratteggiata; gli angoli opposti si incontreranno lungo la linea di piega centrale.

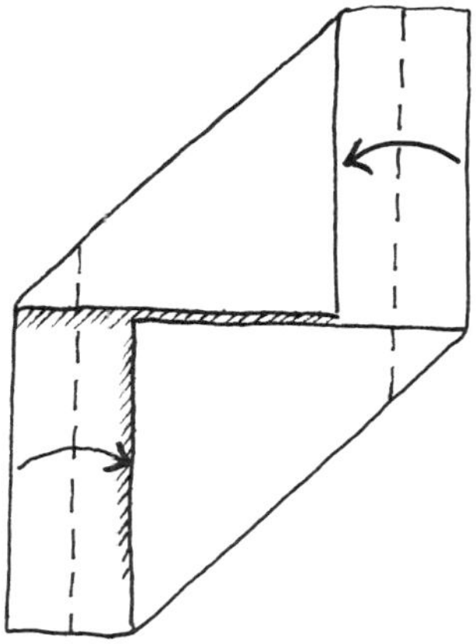

passo 3

Piegate a valle lungo ciascuna linea tratteggiata.

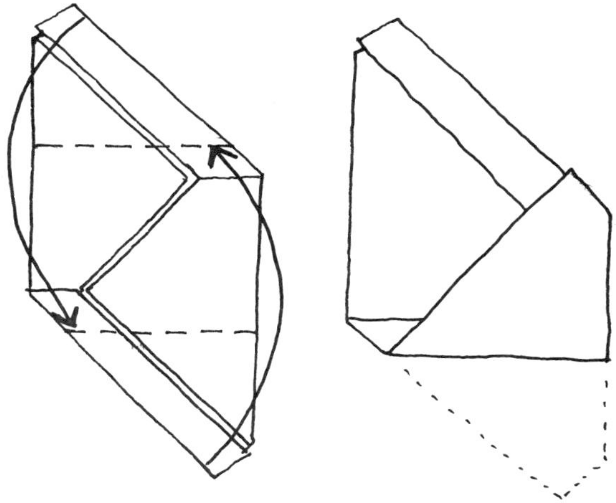

passo 4

Ruotate il modello di 45 gradi in senso antiorario e piegate a valle lungo le linee tratteggiate.

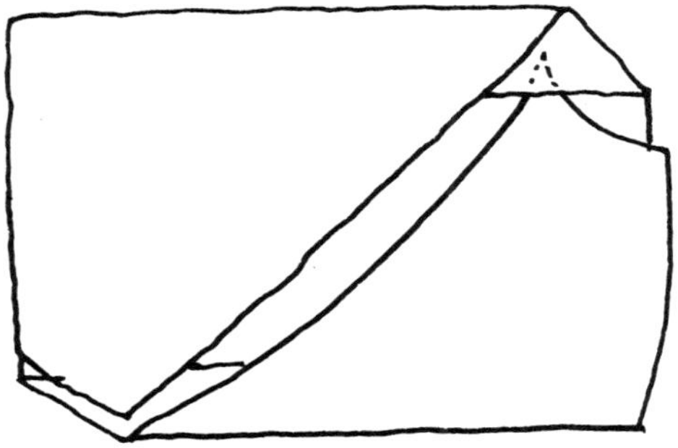

passo 5

Fate scivolare la linguetta sul lato destro nella tasca in alto, poi fate lo stesso con la linguetta sul lato sinistro.

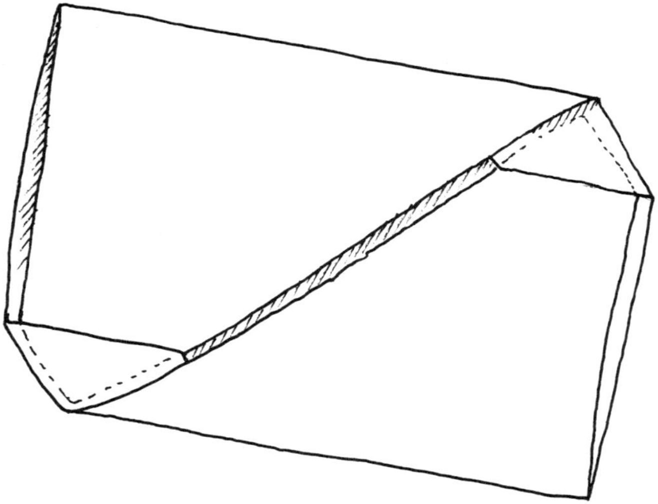

Chi è stata l'ultima persona a essere gentile con voi?

Chi è stata l'ultima persona a essere gentile con voi? In questa era di comunicazioni digitali istantanee una vera lettera può fare davvero piacere. Dopo avere completato la busta, inviatela a qualcuno. Scrivete una lettera di ringraziamento e piegate la lettera in modo che diventi questa busta. I due angoli smussati sigilleranno la busta in modo che possa essere inviata.

Annotate le vostre riflessioni durante la piegatura.

....

....

....

....

....

....

....

«La casa è dove si trova il cuore».

Plinio il Vecchio

casa 房子

Cos'è davvero casa? È una casa vera e propria? Una città? O è semplicemente dove ci sentiamo sicuri o dove si trovano i nostri cari? La nostra casa non è necessariamente un edificio. Può essere ovunque: un fiume, una montagna, una biblioteca, una chiesa, o un angolo tranquillo del giardino.

Riflettete su cosa significa casa per voi. Dove vi sentite sicuri e a vostro agio? Forse vi trovate lì ora, mentre leggete questo libro. Pensate alla pace e alla calma che vi dà il vostro santuario. Apprezzate il momento; il calore del sentirvi a casa. Che cosa vi provoca la sensazione di pace? Sono i ricordi legati al luogo o le persone che vivono lì?

Quando la nostra casa è pulita e in ordine possiamo sentirci rilassati e leggeri. Lo stesso vale per le nostre menti; tutti portiamo un bagaglio di pensieri non necessario. Sulla strada per la mindfulness, però, dobbiamo imparare a pensare chiaramente. Dobbiamo riordinare le nostre vite e le nostre menti. Pensate a quali cose sono davvero importanti; buttate via le cose inutili e non necessarie, e allo stesso tempo liberate la mente dai pensieri negativi e dai ricordi.

riflessioni

Traslocare è uno degli eventi più stressanti nella vita, e negli ultimi dieci anni mi sono trasferito tre volte. Tuttavia la fase difficile dura poco, e traslocare rappresenta sempre un nuovo inizio e una nuova speranza per il futuro. Nonostante la mia esitazione iniziale o la mia riluttanza, ciascun trasloco ha reso la mia vita più felice. Ogni volta mi sono liberato di oggetti non necessari: molte delle cose inutili che avevo accumulato negli anni sono state vendute, donate o semplicemente gettate via. Dopo il trasloco possedevo meno oggetti, ma quelli che rimanevano erano i più importanti, quelli che avevano un reale valore nella mia vita: le foto, le lettere, ciò che fa nascere dentro di me un sorriso spontaneo.

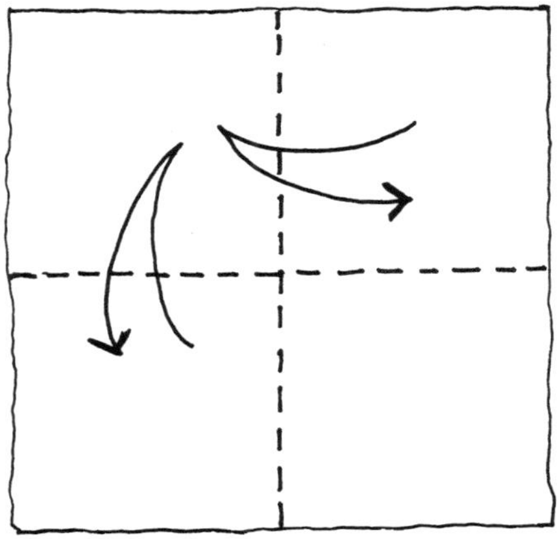

passo 1

Piegate a valle e riaprite lungo le linee tratteggiate.

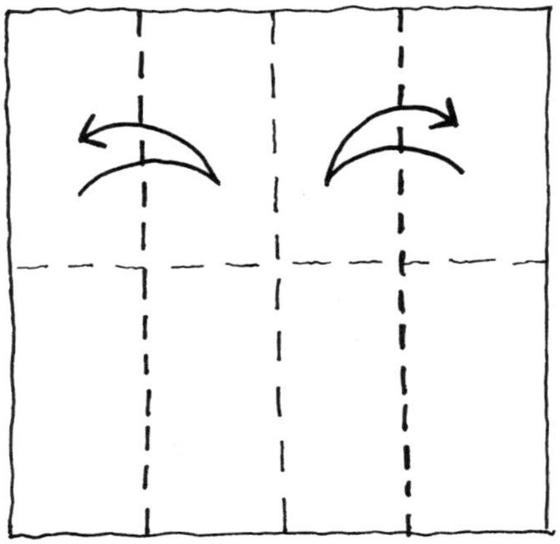

passo 2

Piegate a valle e riaprite lungo ciascuna linea tratteggiata; i bordi sinistro e destro si incontreranno lungo la linea centrale.

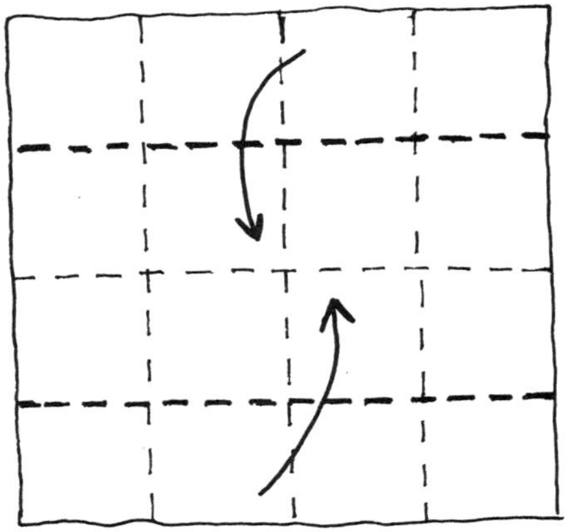

passo 3

Piegate a valle lungo le linee tratteggiate; i bordi si incontreranno lungo la linea centrale..

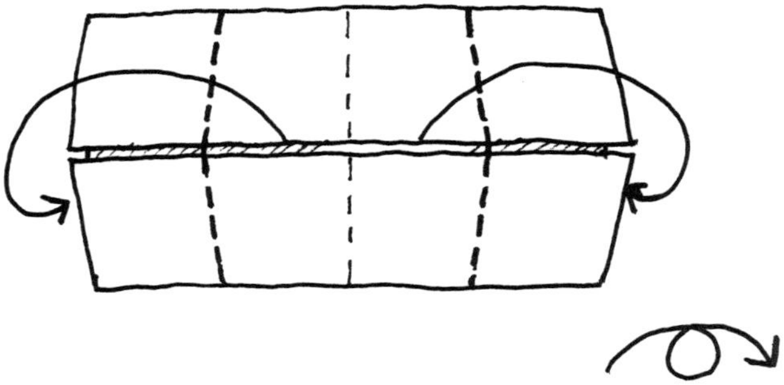

passo 4

Piegate a monte lungo le linee tratteggiate; i bordi sinistro e dentro si incontreranno lungo la linea centrale della parte posteriore. Capovolgete il modello in modo che le sezioni piegate siano rivolte verso l'alto.

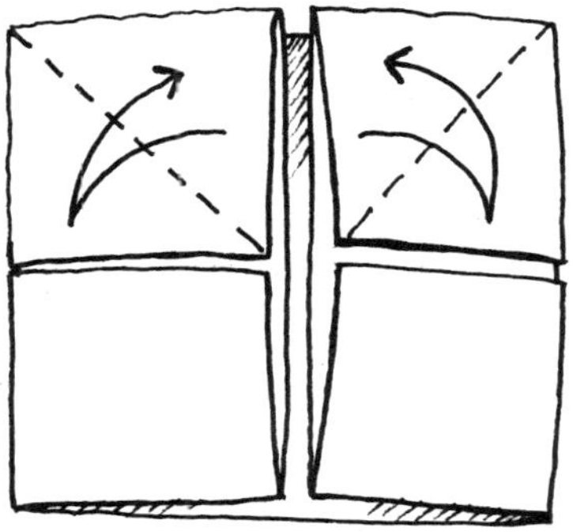

passo 5

Piegate a valle e riaprite lungo le linee tratteggiate.

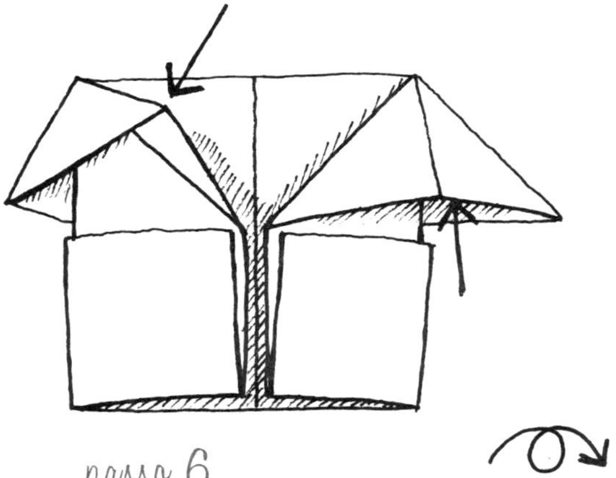

passo 6

Aprite le linguette che avete appena piegato. Premete verso il basso la punta di ogni angolo in modo che la linguetta si appiattisca a formare il tetto spiovente della casa. Capovolgete il modello.

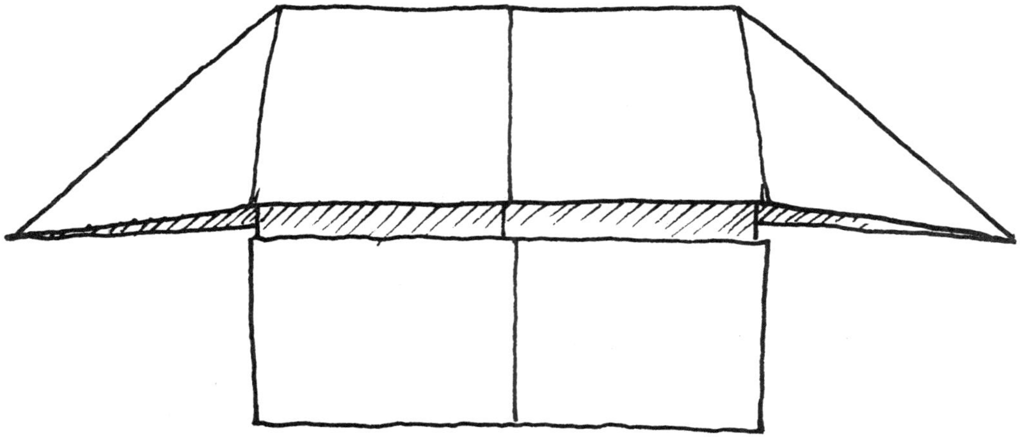

«Se pensate al prossimo anno, piantate un seme;
se pensate ai prossimi dieci anni, piantate alberi;
se pensate al prossimo secolo, insegnate alla gente».

Confucio

albero 樹

Se vivete in campagna, gli alberi probabilmente sono una parte talmente ricorrente del vostro ambiente che probabilmente non li notate nemmeno; per chi vive in città, invece, uno sprazzo di verde tra il paesaggio fatto di cemento può essere una vera rarità. Qualunque sia l'ambiente in cui abitate, vi siete mai fermati a pensare agli alberi e al ruolo che giocano nelle nostre vite? Gli alberi non solo sono collegati al nostro benessere, ma sono la nostra forza vitale. Ci forniscono cibo sotto forma di frutta, legno da utilizzare come carburante, materiale da costruzione per le nostre case, medicine come il chinino e l'aspirina, e soprattutto l'aria che respiriamo: gli alberi sono i polmoni del nostro pianeta. Molte culture attribuiscono una tale importanza agli alberi e le foreste al punto da considerarli sacri e ritenerli la dimora di spiriti e demoni.

Quando avete realizzato il modello della casa pensavate a casa vostra. Ora vi chiederò di ampliare i confini della meditazione precedente per includere anche le aree circostanti. Mentre create il vostro albero, pensate alle interazioni quotidiane con il vostro ambiente e al vostro rapporto con esso. Non c'è dubbio che noi esseri umani inquiniamo il nostro pianeta e che così facendo pregiudichiamo il nostro benessere. Ci sono azioni che potete compiere per migliorare il vostro ambiente? Forse riciclare di più? Ridurre l'uso di acqua ed elettricità? Pensate all'ambiente in cui abitate, e a come fare in modo che la natura acquisti, in esso, un ruolo più importante.

riflessioni

Quando ci trasferimmo nella nostra nuova casa decisi di piantare nel giardino, per le mie figlie, alcuni alberi da frutto. Speravo che sarebbero cresciuti forti insieme alle mie bambine, immaginavo che avrebbero prodotto frutti per loro e che un giorno sarebbero stati grandi a sufficienza per offrire loro ombra e protezione dalla calura estiva. Questo mondo appartiene alla prossima generazione, e noi siamo solo visitatori temporanei; dovremmo quindi lasciarlo in una condizione migliore di quella in cui l'abbiamo trovata.

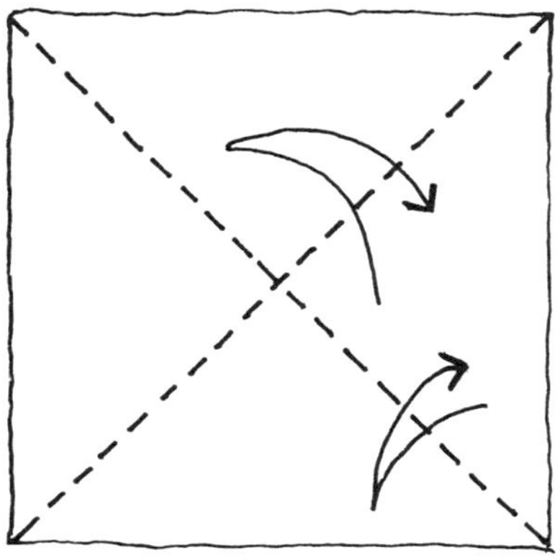

passo 1

Piegate a valle e riaprite lungo le linee tratteggiate, poi ruotate il modello di 45 gradi in senso orario.

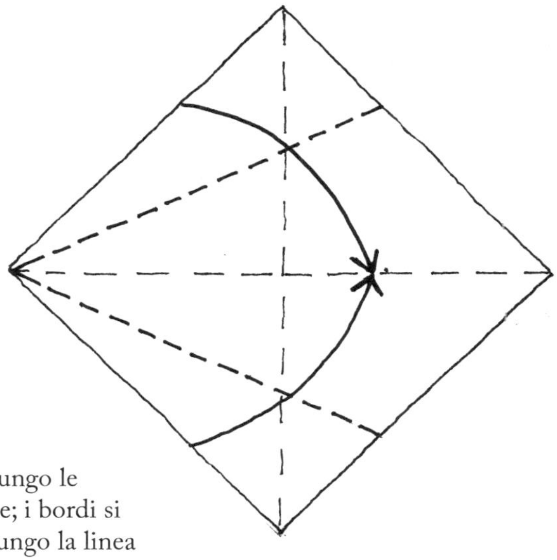

passo 2

Piegate a valle lungo le linee tratteggiate; i bordi si incontreranno lungo la linea centrale.

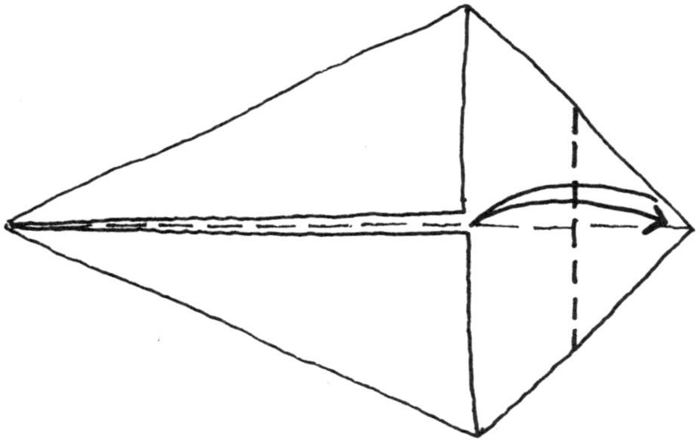

passo 3

Piegate a valle e riaprite lungo la linea tratteggiata; l'angolo incontrerà la linea centrale.

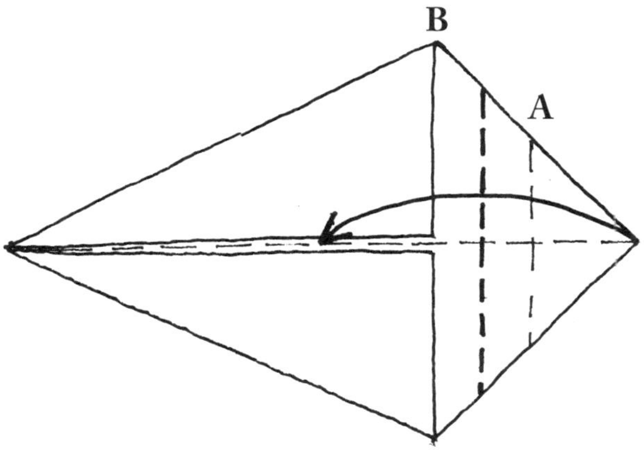

passo 4

Piegate a valle lungo le linee tratteggiate. La linea di piegatura A, già esistente, si sovrapporrà alla linea B.

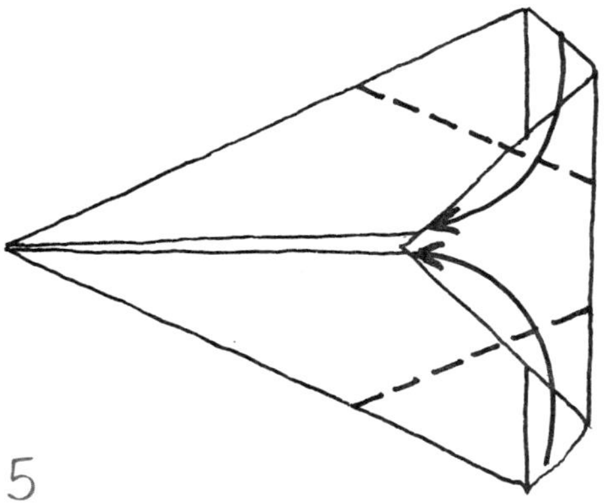

passo 5

Piegate a valle lungo le linee tratteggiate; i due bordi si incontreranno al centro.

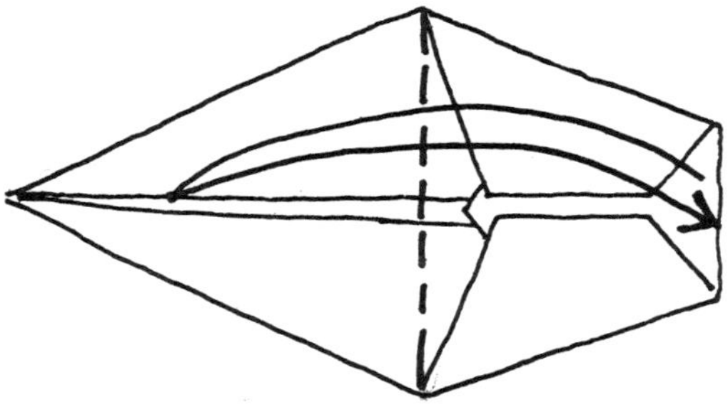

passo 6

Piegate a valle e riaprite lungo le linee tratteggiate.

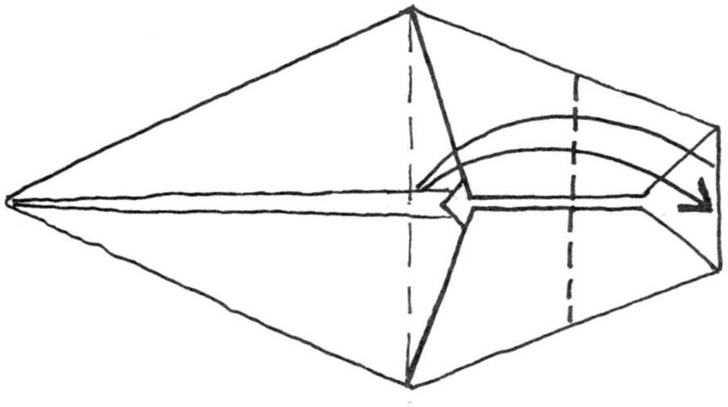

passo 7

Piegate a valle e riaprite sulla linea tratteggiata.

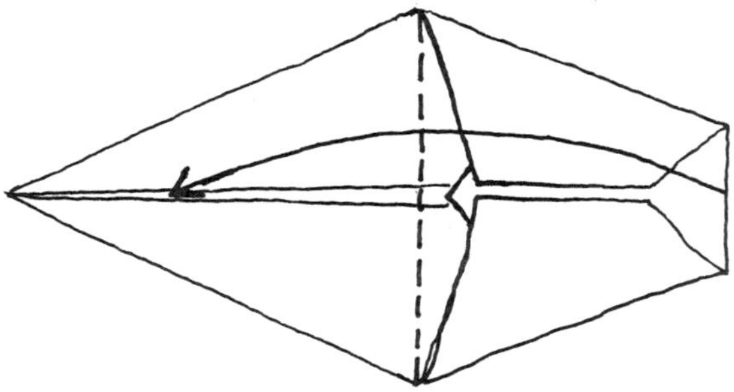

passo 8

Piegate a valle sulla linea tratteggiata.

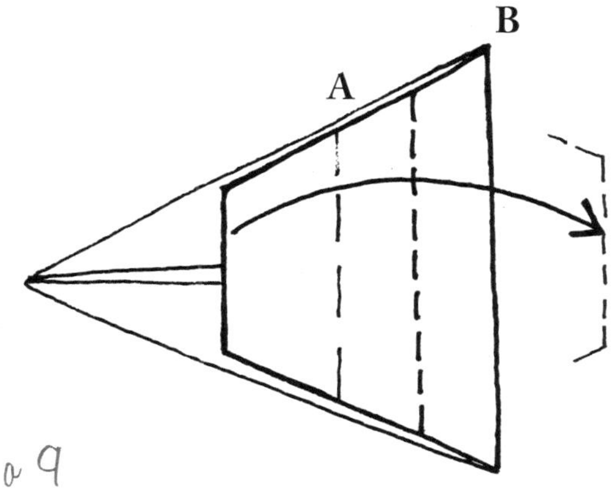

passo 9

Piegate a valle sulla linea tratteggiata in modo che la linea di piegatura A, già esistente, si sovrapponga alla linea B. Capovolgete il modello e ruotatelo di 90 grandi in senso antiorario.

Annotate le vostre riflessioni durante la piegatura.

....

....

....

....

....

....

....

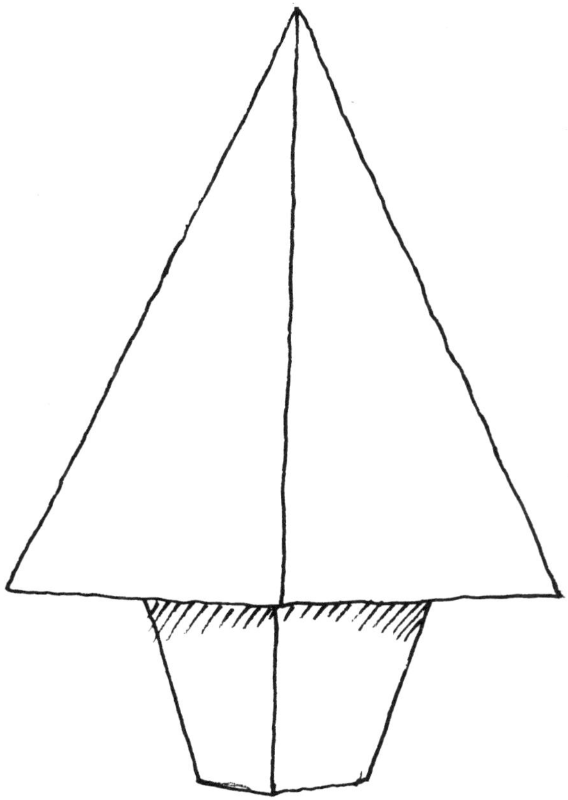

Se lo piegate leggermente nel mezzo il vostro albero dovrebbe rimanere in piedi.

«Il viaggio è fatale per i pregiudizi, il bigottismo e la ristrettezza mentale».
Mark Twain

aeroplano 飛機

L'aeroplano ha trasformato il mondo in cui viviamo, permettendoci di viaggiare e vedere le sue numerose meraviglie. Con ogni nuova destinazione, abbiamo l'opportunità di imparare da una diversa cultura, di vedere attraverso gli occhi di un altro e di essere sfidati da una filosofia nuova.

Viaggiando dovremmo mantenere la mente aperta. Troppo spesso abbiamo idee preconcette su come «dovrebbe essere» e non riusciamo a capire cosa davvero abbiamo di fronte, quale sia la reale situazione. Le nuove culture ci mostrano diversi punti di vista, e sfidare il nostro modo di vedere il mondo è fonte di ispirazione e forza.

Purtroppo troppo spesso ci ritroviamo in aree turistiche che sono state impacchettate e sterilizzate per corrispondere a un'immagine preconcetta di quel determinato luogo, e che non rappresentano più la vita delle persone del luogo. La prossima volta che viaggiate perché non decidete di visitare un'area che non si trova nella guida turistica? Cercate di parlare con i locali, scoprite dove vanno.

Mentre create l'aeroplano di carta, pensate ai luoghi in cui siete stati e a quelli in cui vorreste andare. Richiamate alla memoria ciò che avete imparato durante quei viaggi. Avete iniziato a vedere il mondo in modo differente? Magari avete assaggiato cibi o bevande che non avevate mai provato prima? O guardato un magnifico tramonto lungo un nuovo orizzonte? Il viaggio dovrebbe essere un'opportunità per imparare da altre culture e per ampliare le nostre conoscenze.

riflessioni

Durante una lezione di aerodinamica all'università uno studente lanciò un aeroplano di carta. La sua creazione attraversò tutta la sala e atterrò nel punto in cui il professore, dottor Ranjan Vepa, stava tenendo la lezione. Quest'ultimo, raccolto l'aeroplano, sfidò la classe a una gara di lancio di aeroplanini di carta. Salirono tutti in cima all'edificio, da dove a turno ogni studente lanciava il suo aeroplano; per ogni lancio si registrava il tempo di permanenza in volo. L'aereo del professore vinse con un grosso margine. Il dottor Vepa alla sua classe di cercare di capire il motivo per cui i loro aeroplanini avessero fallito. Come potevano essere migliorati? Il morale della storia è questo: anche qualcosa di triviale, come il lancio di un aeroplano di carta, può diventare un'opportunità di apprendimento. La seconda morale è questa: non sfidate mai un professore di aerodinamica a una gara di lancio di aeroplanini di carta; perderete!

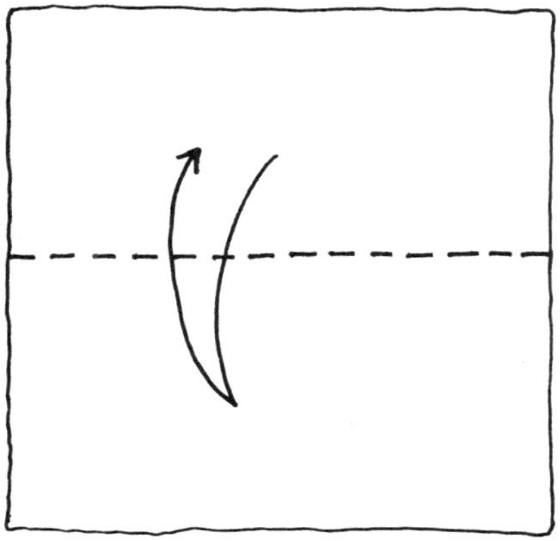

passo 1

Piegate a valle e riaprite lungo le linee tratteggiate.

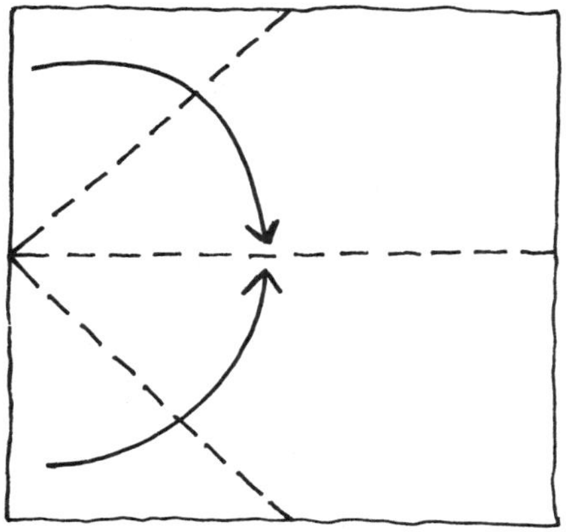

passo 2

Piegate a valle lungo le linee tratteggiate.

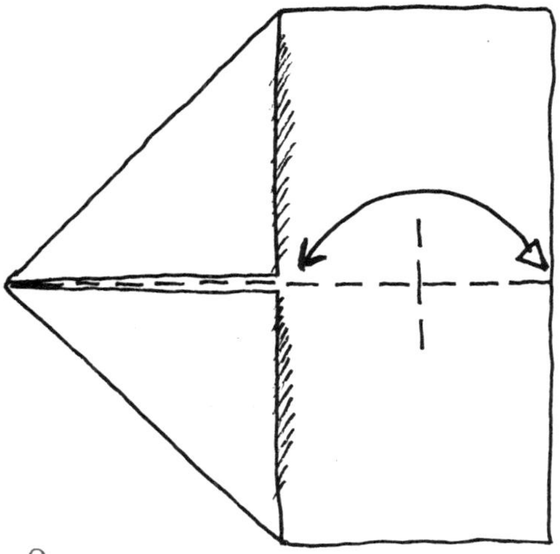

passo 3

Piegate a valle e riaprite lungo la linea tratteggiata centrale, poi create solo una piccola piega lungo la linea corta.

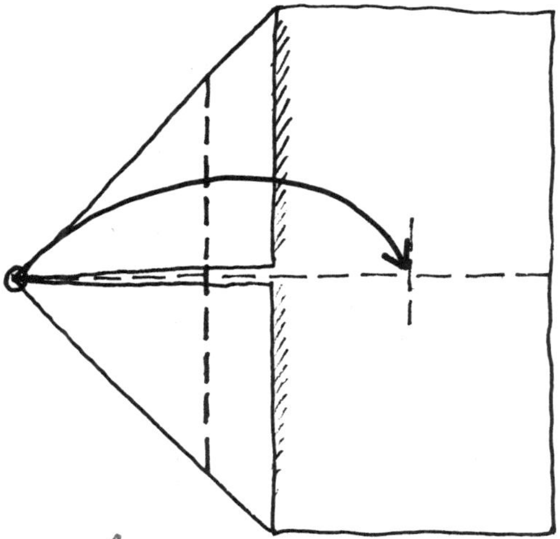

passo 4

Piegate verso l'interno la punta dell'aeroplano in modo che incontri la piccola piega.

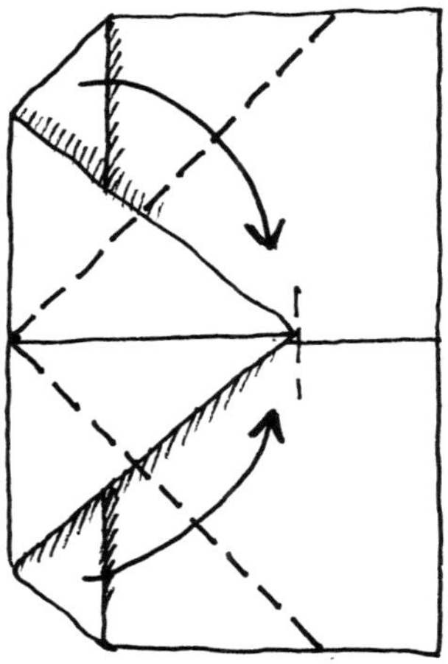

passo 5

Piegate a valle lungo le linee tratteggiate per creare la parte anteriore dell'aereo.

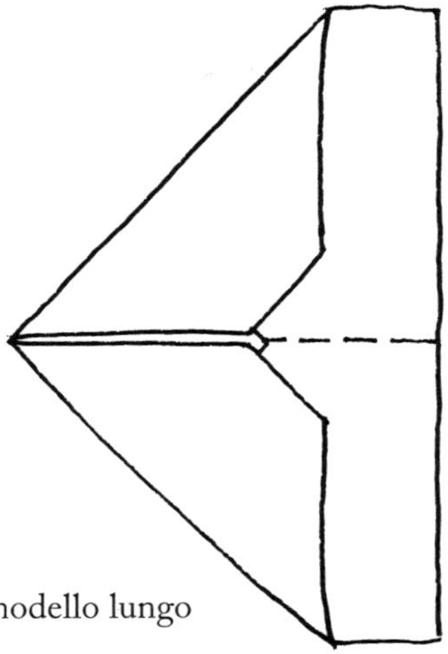

passo 6

Piegate a monte il modello lungo la linea mediana.

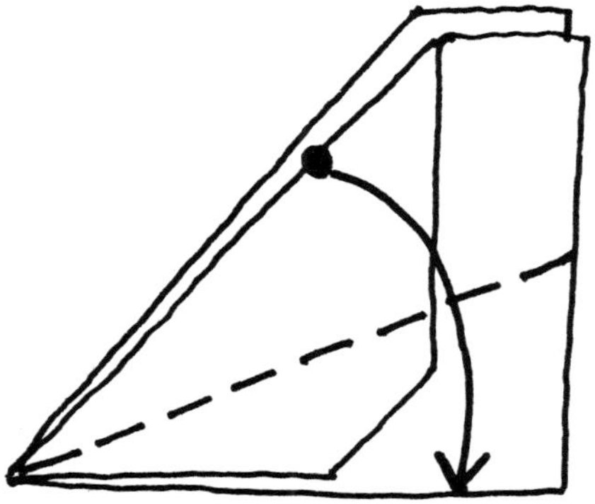

passo 7

Piegate a valle lungo la linea tratteggiata in modo che il bordo superiore incontri quello inferiore. Ripetete l'operazione sul lato opposto.

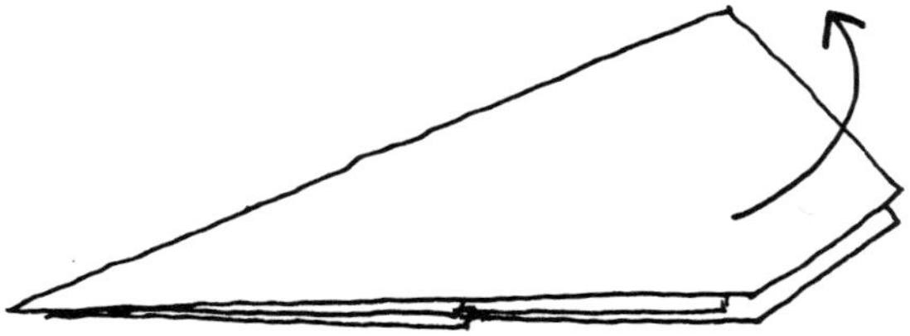

passo 8

Aprite le ali su entrambi i lati, e l'aeroplano sarà completato.

Lanciate gentilmente l'aeroplano per farlo volare

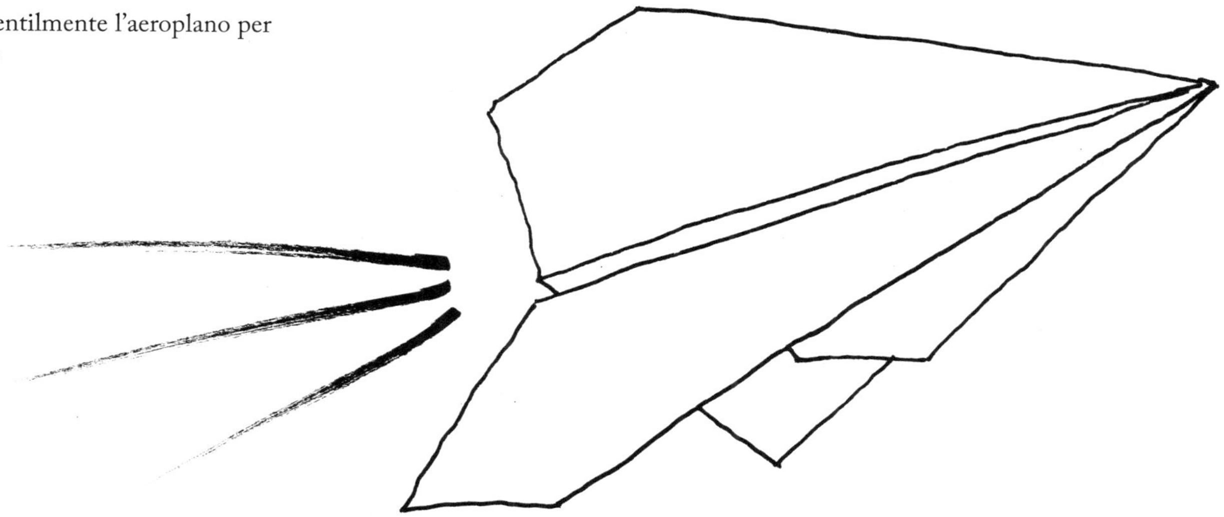

Annotate le vostre riflessioni durante la piegatura.

....

....

....

....

....

....

....

«Dove le parole falliscono, parla la musica».
Hans Christian Andersen

pianoforte 鋼琴

La musica tocca i nostri sensi. È dimostrato che imparare a suonare uno strumento consente di migliorare la memoria, il ragionamento spaziale, la coordinazione e le abilità matematiche; inoltre riduce lo stress e migliora il livello di felicità. La musica che ascoltiamo influenza il nostro umore e le nostre emozioni. In breve, la musica può essere uno strumento potente per migliorare il nostro benessere mentale. Nel mondo della musica ci sono molti strumenti fantastici, ma io credo che il pianoforte sia il più importante dell'epoca moderna. Fin dalla sua invenzione nel XVII secolo il piano è stato un elemento centrale di quasi tutti i generi musicali: musica classica, jazz, pop, soul, dance, hip hop, country, eccetera.

Mentre create il vostro piano, prestate attenzione ai vostri sensi. Notate come gli occhi si muovono tra il testo e i diagrammi di questo libro. Sentite la consistenza della carta mentre voltate le pagine. Guardate le vostre mani mentre piegano la carta. Sentite i bordi del vostro modello. Siate consci dei vostri piedi posati sul pavimento, della schiena appoggiata allo schienale della sedia, dei muscoli delle vostre braccia che si estendono e si contraggono. Ascoltate il rumore della carta mentre viene piegata, e il vostro respiro. Siate coscienti dei rumori di sottofondo, come il soffio del vento, il traffico, o il canto degli uccelli. Riuscite a sentire un aereo che vola sopra di voi? Se vi trovate in una stanza silenziosa meditate sulla pace e la tranquillità di quel silenzio. Non cercate la spiegazione dei suoni che sentite; il perché non è importante, ascoltate semplicemente e accettate la loro presenza.

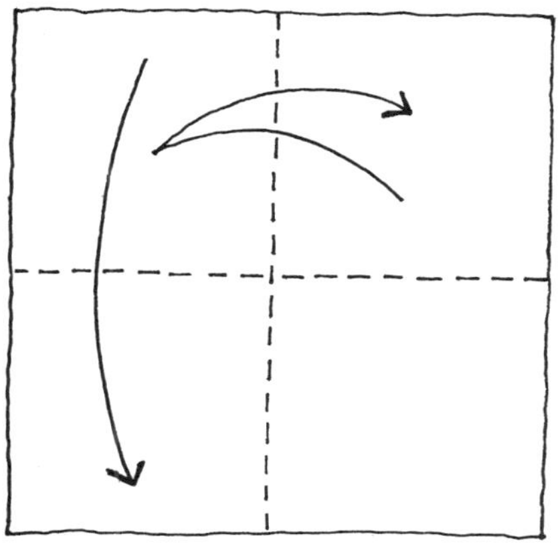

passo 1

Piegate a valle e riaprite lungo la linea tratteggiata verticale. Piegate a valle la linea orizzontale

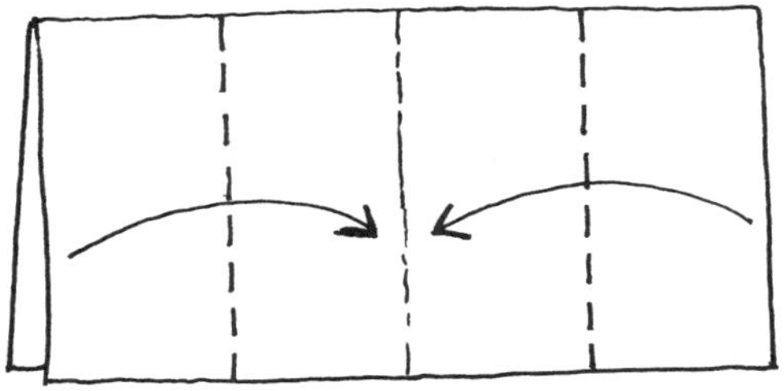

passo 2

Piegate a valle lungo le linee tratteggiate verticali.

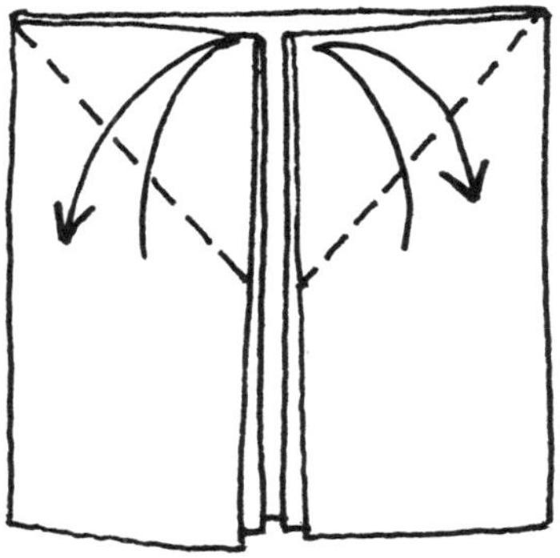

passo 3

Piegate a valle e aprite sulle linee tratteggiate.

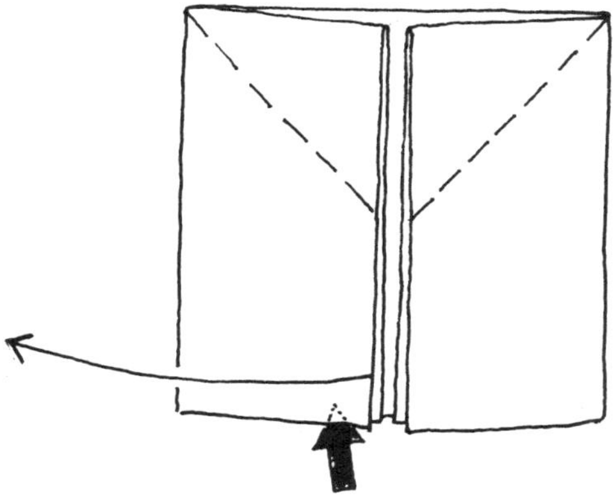

passo 4

Aprite lo strato superiore indicato dalla freccia e piegatelo verso sinistra. Ripetete l'operazione sul lato destro.

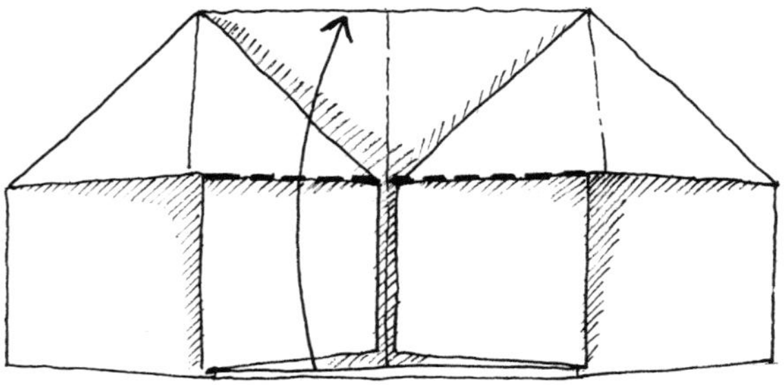

passo 5

Piegate a valle sulla linea tratteggiata, sollevando la linguetta.

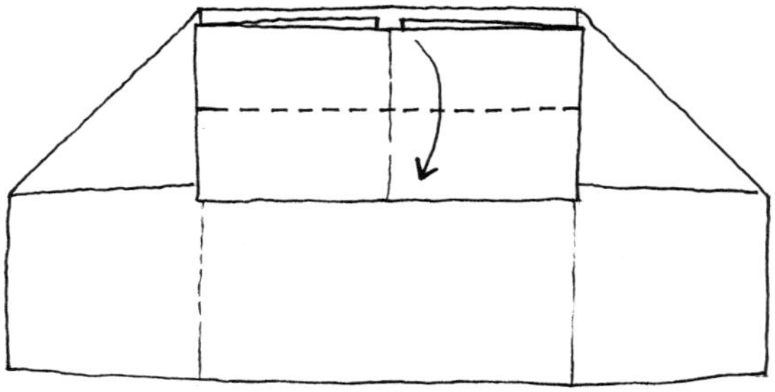

passo 6

Piegate a valle sulla linea tratteggiata.

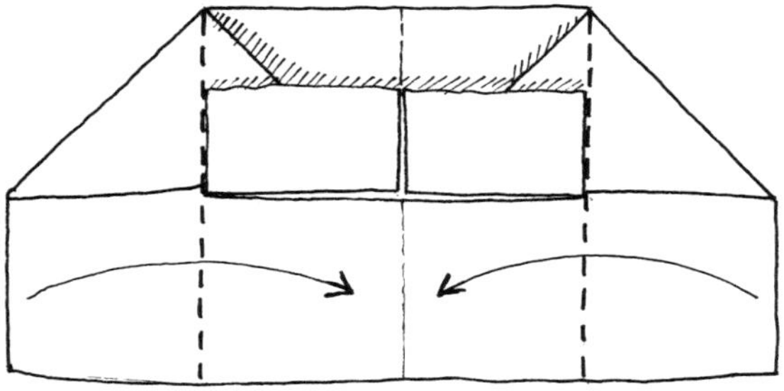

passo 7

Piegate a valle sulle linee tratteggiate verticali per creare i lati del pianoforte.

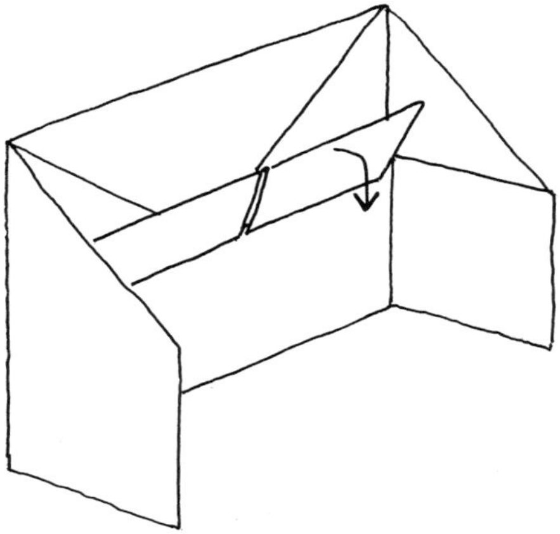

passo 8

Piegate verso il basso la parte che rappresenta la tastiera.

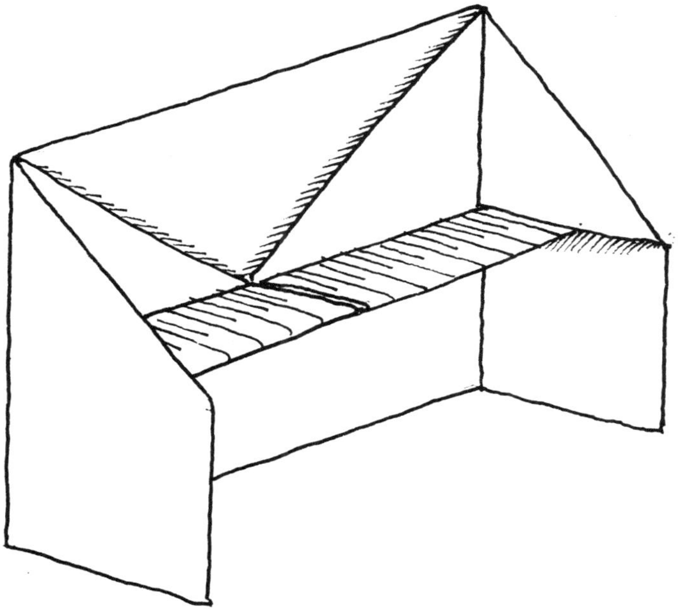

Nell'origami pieghiamo la carta per creare la forma di animali e oggetti. Spesso, però, per dare vita al modello sono necessarie delle decorazioni. Aggiungere gli occhi a un animale fatto con l'origami, per esempio, gli dà subito un carattere. Per questo modello di pianoforte dovete disegnare o dipingere i tasti. Lo schema di piegatura staccabile alla fine del libro riporta già i tasti stampati sulla carta; se però state usando un altro foglio di carta dovrete disegnarli. Perché non disegnare anche dei pedali e il leggio?

«È possibile raggiungere l'armonia con gentilezza, rimanendo fedeli allo spirito interiore come un bambino innocente?».

Lao Tzu

mulino a vento 風車

Gite al mare: costruire castelli di sabbia, mangiare il gelato, camminare sul lungomare fiancheggiando negozi con mulini a vento colorati mossi dal vento... È di questo che sono fatti i momenti più belli dell'infanzia. Tuttavia a un certo punto quella magia, quella semplice eccitazione, svanisce. Arriva il momento in cui smettiamo di parlare e pensare come bambini, in cui accantoniamo tutto ciò che è infantile e diventiamo adulti.

Perché gli adulti non hanno la stessa sensazione di stupore dei bambini? È perché non ne siamo capaci, o perché non lo scegliamo? Cosa dareste per poter sperimentare la gioia e la felicità che provavate da piccoli?

Una delle definizioni di «mindfulness» è vivere nel momento, senza giudizio. I bambini vivono nel momento e lo apprezzano, senza giudicare, quindi un modo per essere più coscienti, più mindful, è di essere come i bambini.

Il mulino rappresenta i nostri momenti felici dell'infanzia. Mentre realizzate le pale del mulino, meditate su vostri ricordi più gioiosi; richiamate alla memoria lo scenario, i suoni, le sensazioni. Vi trovavate in compagnia della vostra famiglia o dei vostri amici? Cosa stavate facendo? Sentite le emozioni del vostro sé di bambino, la libertà del non avere dubbi, preoccupazioni o responsabilità.

riflessioni

Uno dei miei ricordi d'infanzia è quello di mia mamma che mi canta una filastrocca cinese. La canzone si chiama «Giostra» e il testo parla di una madre e un figlio che partecipano alla Festa delle barche drago. La canzone si apre in un giardino di crisantemi dove i due giocano su una giostra e mangiano tortine e fagottini di riso. La madre suggerisce di andar a vedere le barche drago, ma il bambino vuole andare a vedere i pulcini in vendita al mercato. Si recano quindi al mercato e comprano un mulino a vento giocattolo; il verso finale descrive la gioia del bambino di fronte alla ruota del mulino che gira.

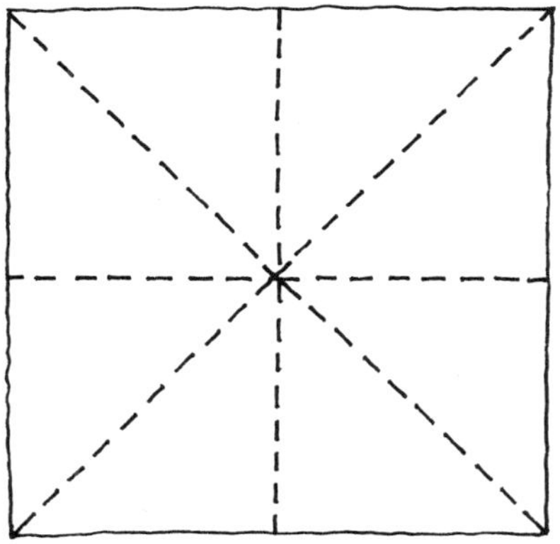

passo 1

Iniziate con una base quadrata aperta (vedi pagina 32).

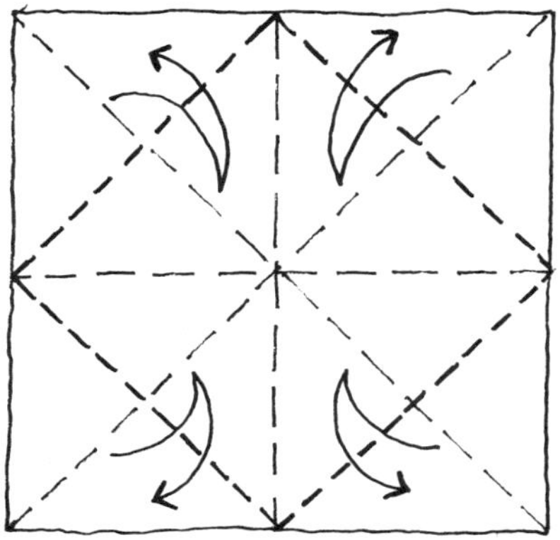

passo 2

Piegate a valle tutti i quattro angoli verso il centro, poi riaprite.

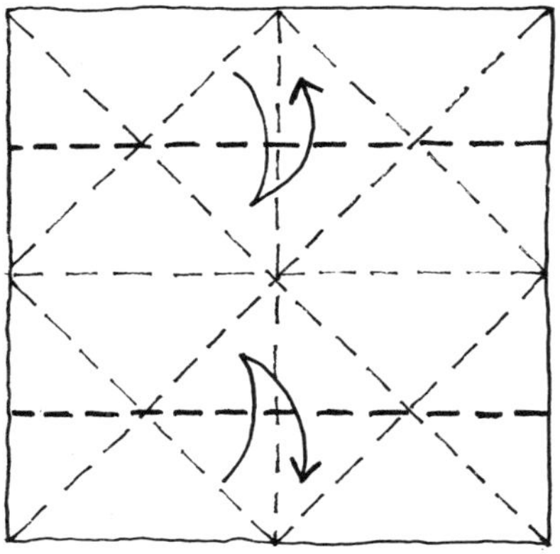

passo 3

Piegate a valle i bordi superiore e inferiore verso il centro, poi riaprite. Girate quindi il modello di 90 gradi e ripetete le piegature in modo da ottenere una griglia di 4 x 4 quadrati.

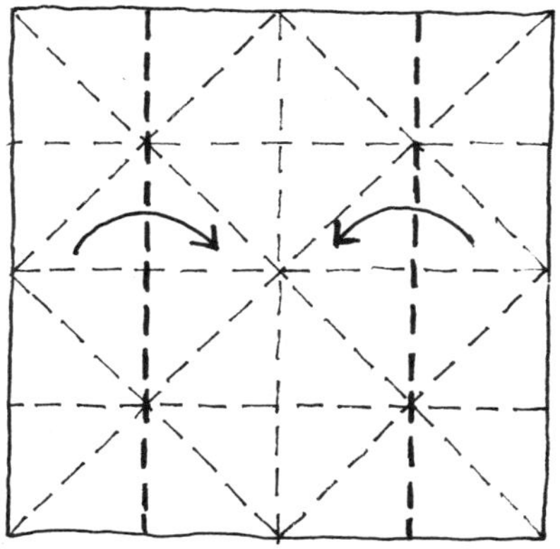

passo 4

Ora piegate di nuovo i lati sinistro e destro verso il centro.

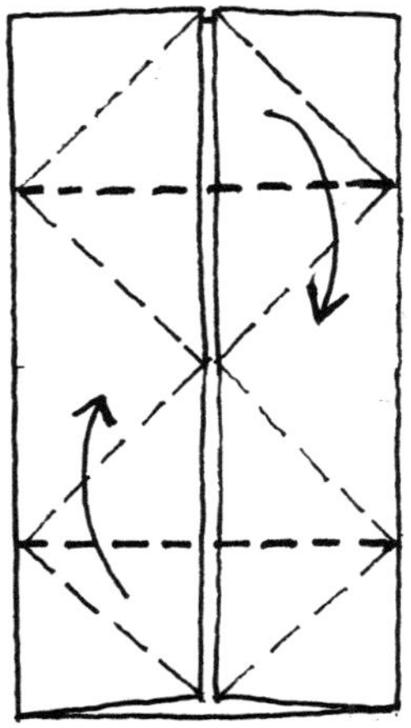

passo 5

Piegate a valle le metà superiore e inferiore in modo che si incontrino lungo la linea centrale, poi riaprite.

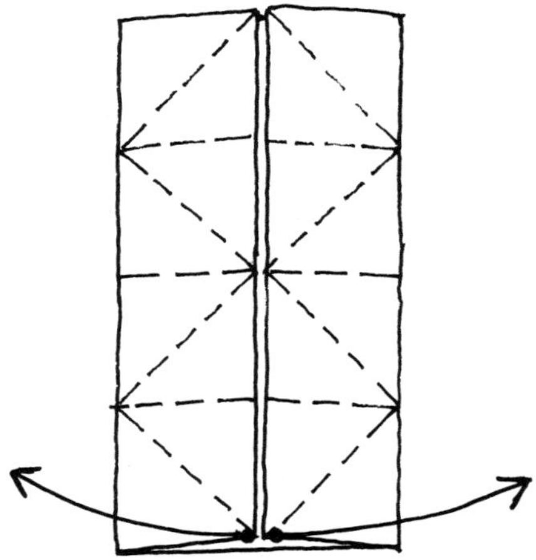

passo 6

Tirate verso l'esterno entrambi gli angoli inferiori e piegate a valle lungo le linee tratteggiate.

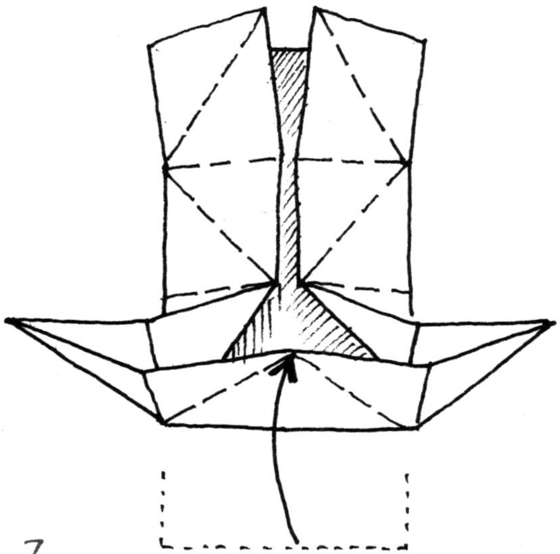

passo 7

Appiattite il bordo inferiore. Ripetete i passi 6 e 7 per la metà superiore del modello.

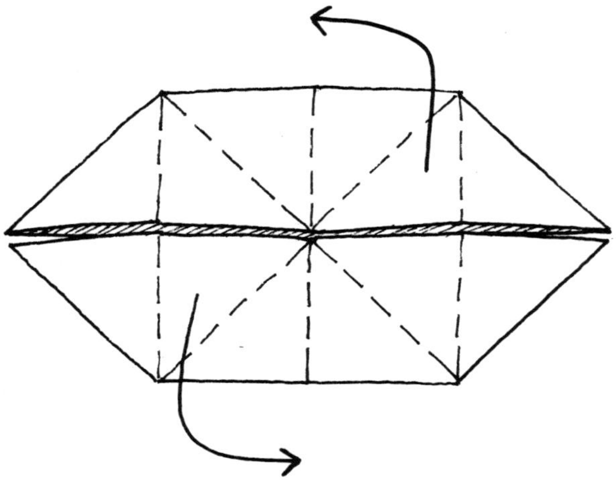

passo 8

Piegate a valle il triangolo superiore destro e il triangolo inferiore sinistro per formare le quattro pale del mulino.

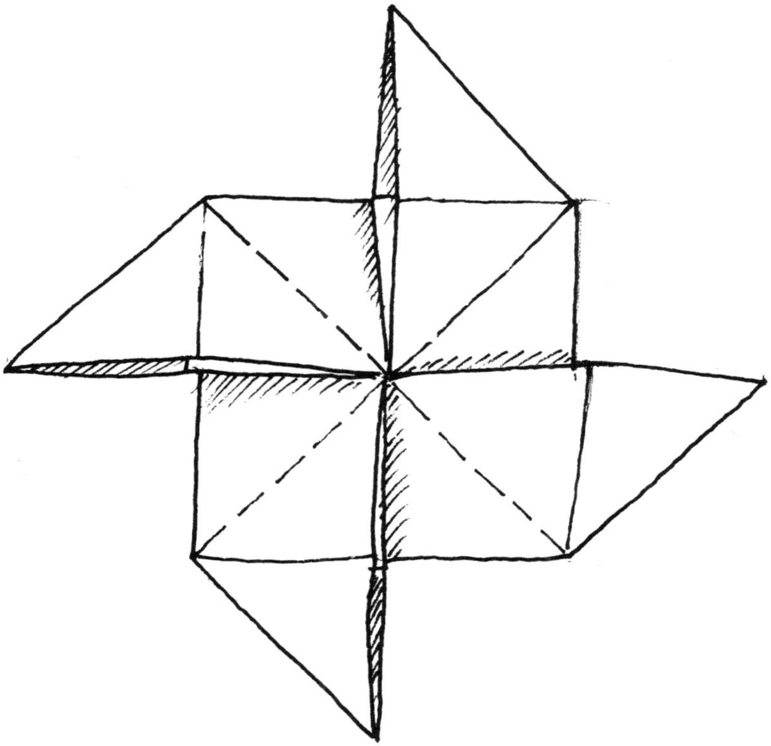

Questo è un modello ideale da realizzare con i bambini. Usate carta colorata e lasciate che decorino i loro mulini con dei brillantini, applicati su uno strato di colla vinilica. Potete attaccare i mulini a dei bastoncini con una puntina da disegno, e soffiare per far girare la ruota. Le cose più semplici possono trasformarsi nei nostri ricordi più preziosi.

«Se vuoi prevedere il futuro, studia il passato».
Confucio

indovino 東南西北

Ci avete giocato, da bambini? L'indovino è un classico passatempo infantile, con le sue previsioni del futuro o le sue risposte scritte sotto le linguette sollevabili. Vi ricordate la prima volta che ne avete visto uno? Chi l'aveva realizzato? Qual era il messaggio nascosto sotto la linguetta?

Non sarebbe più facile la vita se si potesse prevedere il futuro? Da bambini, a scuola, studiamo per prepararci al futuro, da grandi lavoriamo e risparmiamo per sostenerlo. Mindfulness però vuol dire saper vivere nel momento presente; se riusciamo a essere più coscienti nel momento presente, il nostro futuro sarà più felice.

Il tema su cui riflettere mentre realizzate il vostro indovino, quindi, è il passato e il futuro. Pensate a una decisione passata, giuste o sbagliata. Meditate su tale decisione e considerate i pensieri che stavano dietro di essa. Non giudicatevi: nessuno prende mai coscientemente una decisione sbagliata. Crediamo sempre di decidere correttamente, ed è solo a posteriori che scopriamo se si è trattato di una decisione giusta o sbagliata. Se poteste tornare indietro, avreste agito diversamente?

Oppure pensate a una decisione che dovete prendere attualmente. Chiedetevi se c'è qualcosa nel vostro passato che potrebbe aiutarvi a prendere tale decisione. Purtroppo non possiamo vedere il futuro, e tutto ciò che possiamo fare è preparargli le basi. E soprattutto, ricordate che il futuro è adesso; vivete nel presente e date importanza a ogni momento.

In Cina questo modello si chiama «est, sud, ovest, nord», perché la versione cinese di questo gioco utilizza i punti cardinali, invece dei numeri e dei colori, per indicare quale linguetta sollevare. La traduzione cinese vicino al titolo riporta questo nome. Realizzate il vostro indovino, poi vedete in quale direzione vi porta il vento...

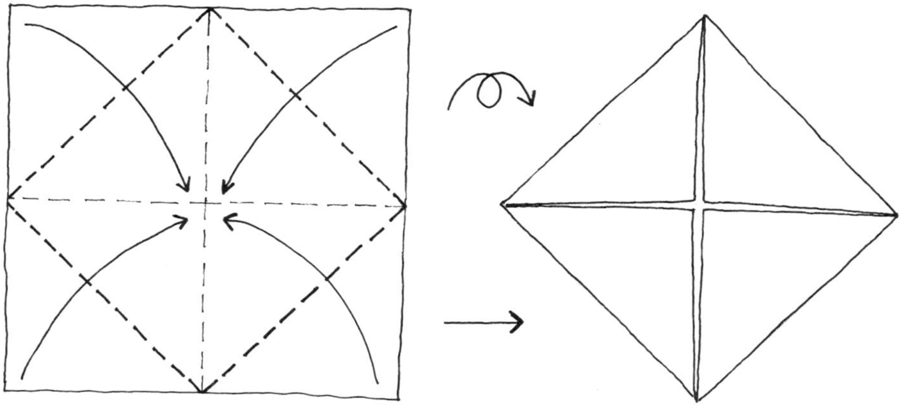

passo 1

Iniziate con una base triangolare aperta (vedi pagina 34). Piegate a valle tutti e quattro gli angoli verso il centro, poi capovolgete il modello.

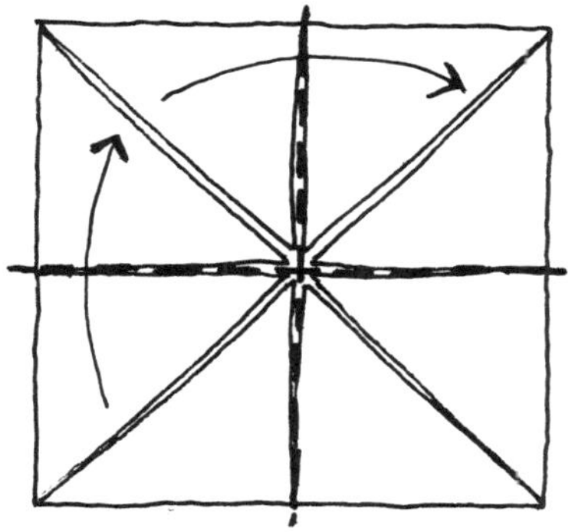

passo 3

Piegate a valle le linee tratteggiate verticali e orizzontali. I quattro angoli si uniranno e collasseranno in una base quadrata.

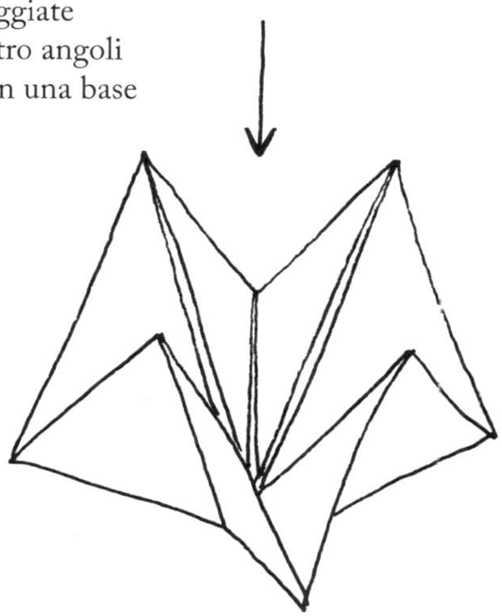

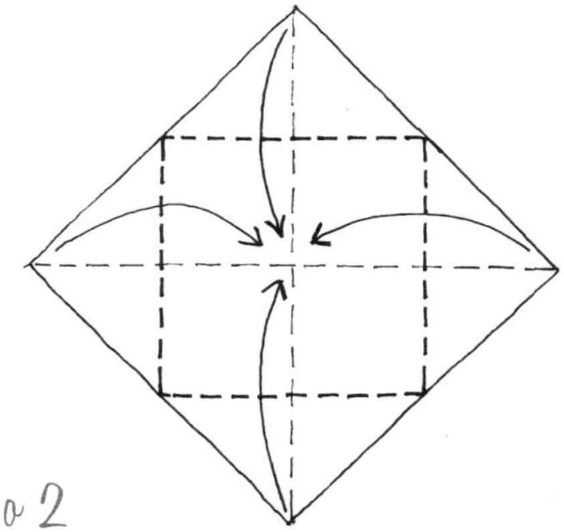

passo 2

Piegate a valle tutti e quattro gli angoli in modo che si incontrino al centro del modello.

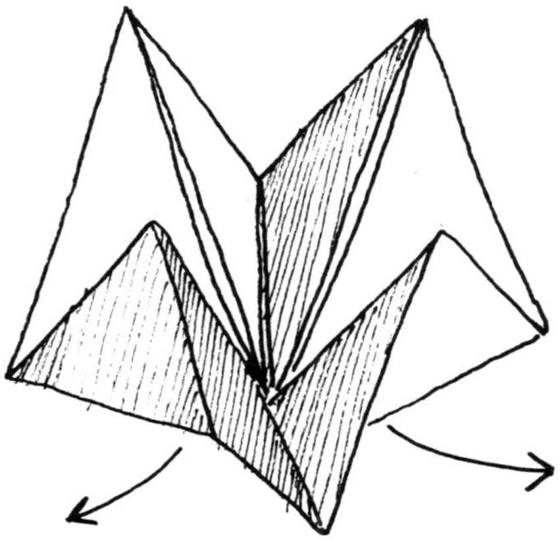

passo 4

Nella parte inferiore del modello ci sono quattro angoli. Tirateli verso l'esterno per completare l'indovino

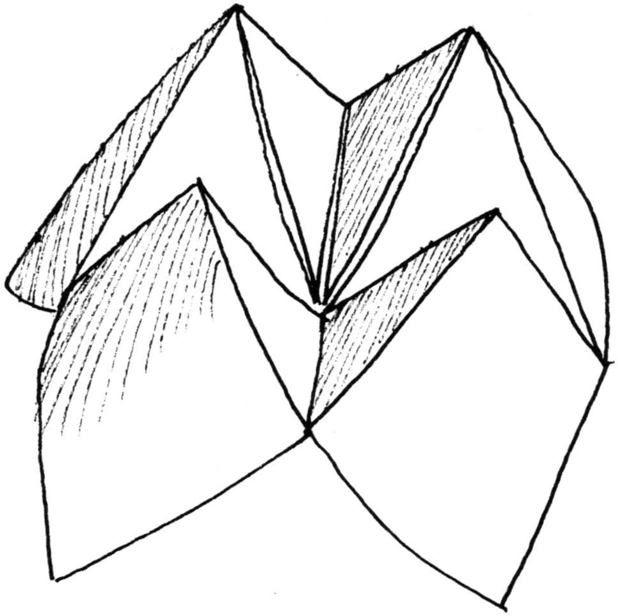

Utilizzate lo schema di piegatura staccabile alla fine del libro per aggiungere le descrizioni al vostro indovino. Scegliete quattro colori per i quattro petali esterni. Scrivete i numeri da 1 a 8 nelle otto facce triangolari interne. Sollevate una a una le linguette con i numeri e scrivete una previsione divertente in ogni spazio. Provate con «troverai il vero amore» o «diventerai una rock star».

«Con una sola candela se ne possono accendere migliaia, e la vita di quella prima candela non si accorcerà. La felicità non diminuisce mai quando la si condivide».
Anonimo

aquilone 風箏

Si pensa che l'aquilone sia stato inventato dai cinesi, anche se non si sa precisamente quando. I primi modelli erano realizzati con materiali leggeri, come la seta, ed erano usati soprattutto negli ambienti militari per portare messaggi o misurare distanze. Quando però l'industria della carta esplose, decollarono anche gli aquiloni di carta, che iniziarono a trascendere le loro umili origini per diventare dei giocattoli.

Per me guardare qualcuno che fa volare un aquilone è un meraviglioso esempio di condivisione di felicità. Per l'osservatore esterno, guardare questi oggetti dai colori vivaci che volteggiano nel cielo ha un effetto ipnotico, incantevole. E se siete la persona che tiene il filo significa che state maneggiando un giocattolo; state giocando e condividendo la gioia che traete da quell'attività. Tutti dovrebbero sperimentare almeno una volta la semplice bellezza di tenere in mano qualcosa che si libra nel cielo.

Ci sono momenti nella vita in cui la nostra felicità è condivisa con gli altri. Potrebbe essere un momento spontaneo in cui avete detto o fatto qualcosa di divertente, e tutti ridono insieme a voi, oppure potrebbe essere un evento importante, come un compleanno, una festa di laurea, un matrimonio o una nascita.

La felicità può essere contagiosa; quando siete felici, anche le persone intorno a voi lo sono. Pensate alle volte in cui avete trasmesso la vostra felicità e avete reso felici gli altri. Oggi, quando avete completato il vostro aquilone, condividete la vostra gioia con le persone intorno a voi.

riflessioni

Avevo sempre voluto scrivere un libro sull'origami ma non avevo mai trovato la motivazione. All'improvviso il mio editore, Liz Gough di Yellow Kite, mi chiamò e mi chiese se mi interessasse scrivere un libro su come l'origami sia una pratica mindful; il libro che state leggendo è il risultato di quella telefonata. Spero di riuscire a condividere con voi la felicità che mi hanno dato l'origami e quella conversazione.

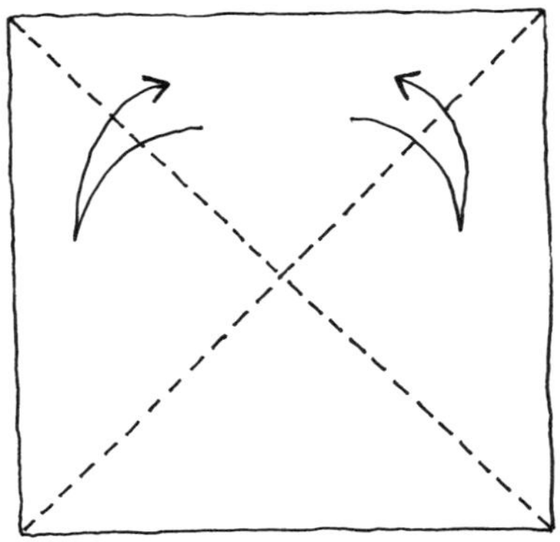

passo 1

Piegate a valle e riaprite lungo le linee tratteggiate.

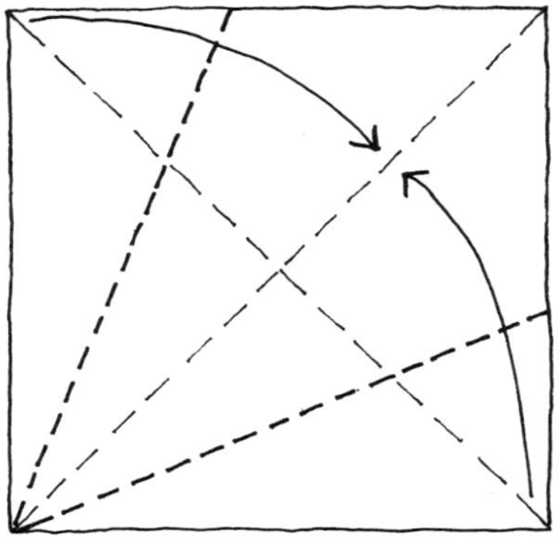

passo 2

Piegate a valle lungo le linee tratteggiate in modo che i due bordi si incontrino al centro.

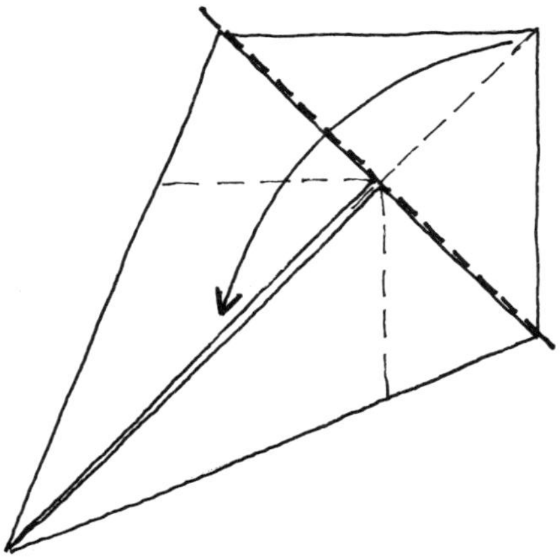

passo 3

Piegate a valle lungo la linea tratteggiata.

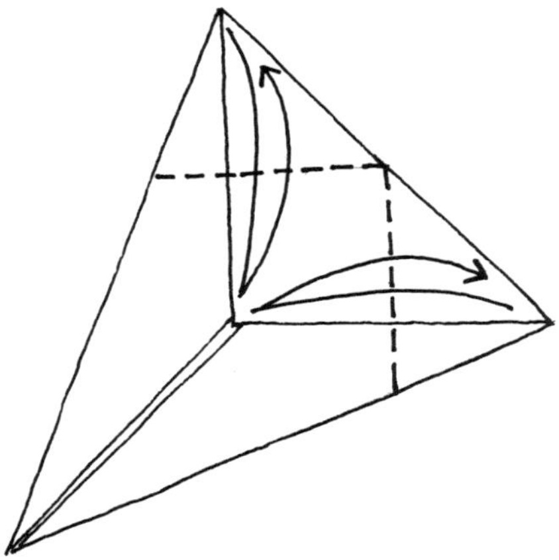

passo 4

Piegate a valle e aprite lungo le linee tratteggiate (c'è una piega preesistente). Aprite di nuovo il modello per ottenere un quadrato e ruotatelo di 45 gradi in senso antiorario.

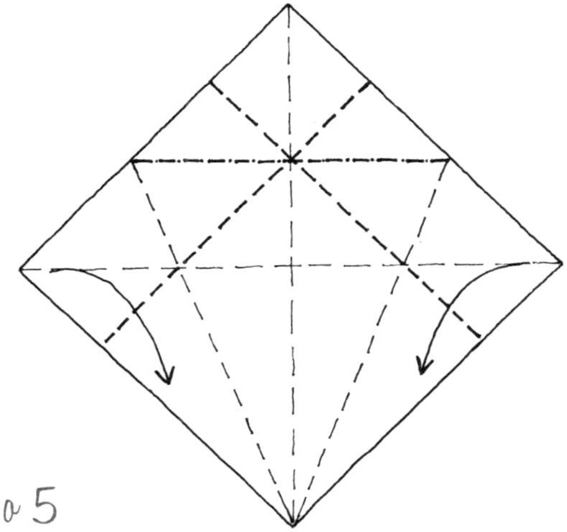

passo 5

Notate la posizione della piega a monte orizzontale e le due pieghe a valle diagonali. Piegate in modo che il modello collassi in una base quadrata.

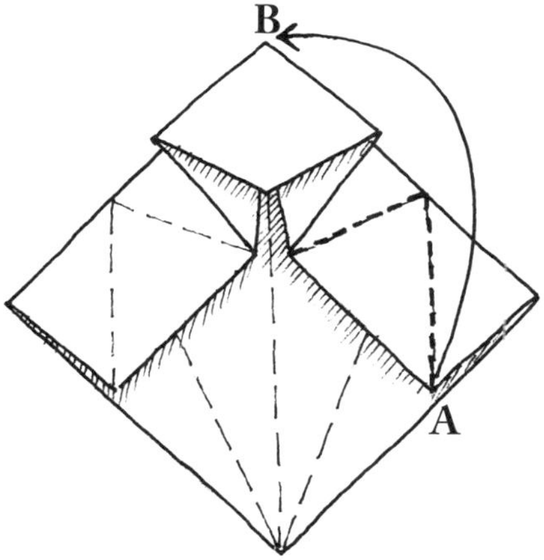

passo 6

Notate la posizione della piega a monte verticale e le due pieghe a valle diagonali, poi sollevate il punto nell'angolo A e portatelo fino a B. Ripetete l'operazione sul lato sinistro.

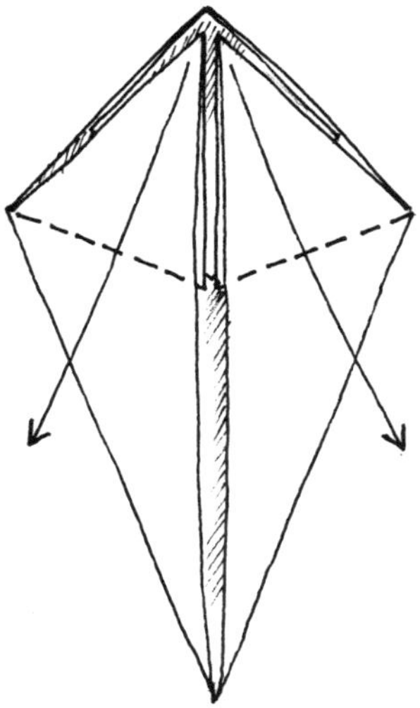

passo 7

Piegate a valle le due linguette lungo le linee tratteggiate.

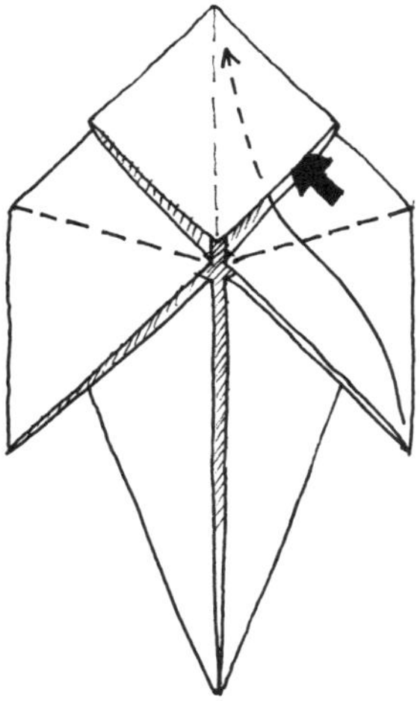

passo 8

Aprite la sezione quadrata superiore come indicato dalla freccia. Piegate a valle lungo la linea tratteggiata, poi piegate la linguetta triangolare destra e infilatela all'interno della sezione quadrata. Ripetete l'operazione sul lato sinistro. Capovolgete il modello.

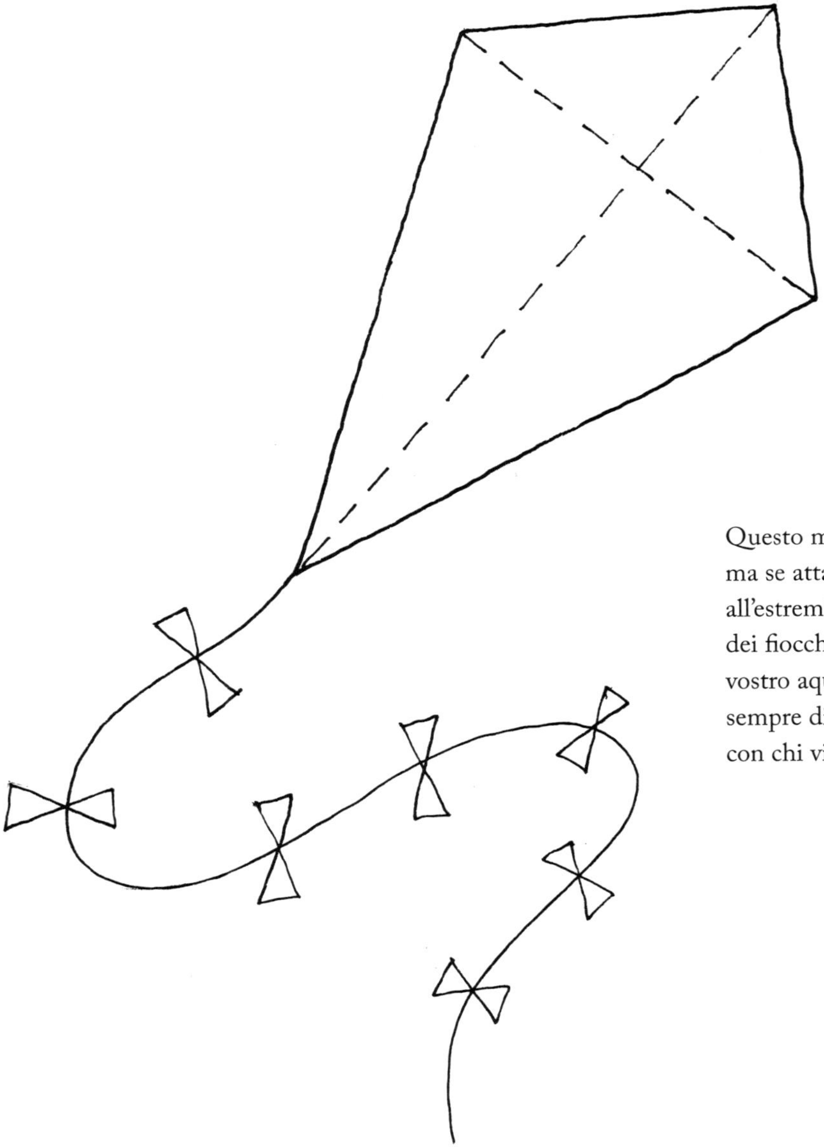

Questo modello non volerà davvero, ma se attaccate un pezzo di corda all'estremità inferiore decorandola con dei fiocchetti, potrete appendere il vostro aquilone in modo da ricordare sempre di condividere la vostra felicità con chi vi sta intorno.

«Lo spirito del migliore degli uomini è senza macchia, come il loto che, spuntato nell'acqua fangosa, non aderisce ad essa».
Buddha

loto 蓮花

Anche se tutti i fiori crescono dal fango, non molti crescono dal fango e dall'acqua, e pochissimi hanno la forza di sollevare la testa al di sopra dell'acqua e sbocciare. Il loto è un fiore stupefacente e la sua bellezza appare ancora più pulita e pura quando si manifesta su uno sfondo di acqua sporca e fangosa.

Lo spirito umano è come il loto: immacolato e incorrotto, nato nelle acque sporche di un mondo pieno di negatività, avidità, lussuria, odio e invidia. Il loto cresce e prospera nell'acqua, tuttavia fiorisce come un fiore puro e incontaminato. È questo lo scopo della mindfulness: insegnarvi a fiorire in un mondo di negatività – non toccati, però, dalla sua apparenza ingannevole – e a rimanere virtuosi.

Nella vita ci troveremo di fronte alla negatività e a situazioni difficili. Per essere virtuosi dobbiamo innalzarci al di sopra di esse e affrontare la situazione con calma, con un approccio disciplinato. Essere virtuosi significa aderire a un codice di moralità e corretta condotta nei confronti degli altri.

Mentre piegate e arricciate i petali del vostro fiore di loto, meditate sulla natura della virtù. Una delle principali fonti di negatività nella vostra vita viene dai litigi che risultano da incomprensioni. Meditate su un momento in cui siete stati in grado di innalzarvi al di sopra della negatività, quando avete rifiutato di rispondere all'odio che vi veniva indirizzato, quando avete scelto di rimanere calmi, di abbassare i toni di una potenziale discussione o litigio. Il nostro istinto naturale è quello di combattere la negatività con la negatività ma invece dovremmo imparare a controllare i nostri pensieri ed evitare i conflitti. Essere coscienti dei sentimenti degli altri ci permette di gestire i punti di disaccordo e risolvere un'incomprensione senza dare spazio a odio o animosità.

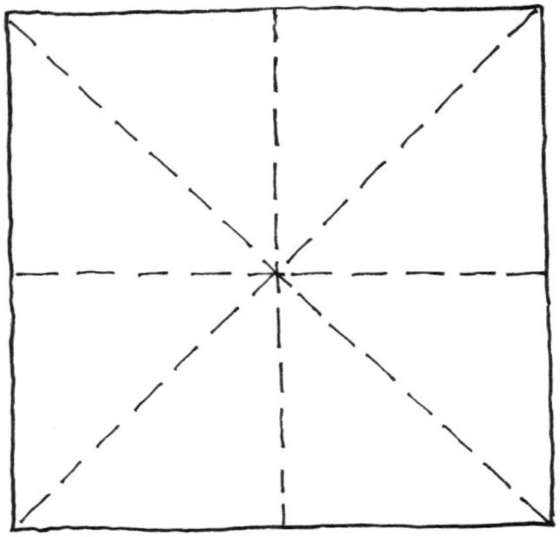

passo 1

Iniziate con una base quadrata aperta (vedi pagina 32).

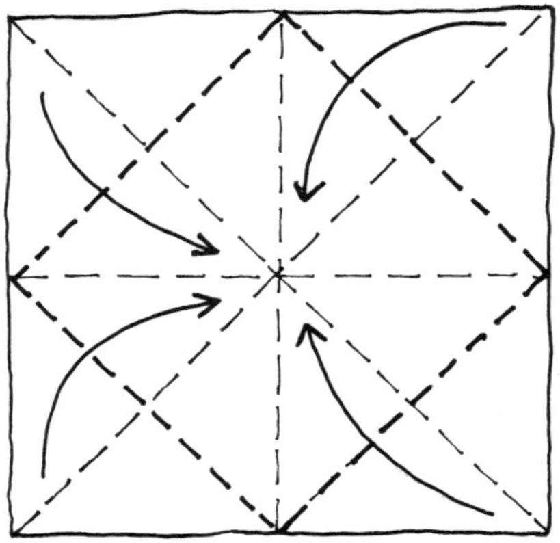

passo 2

Piegate a valle i quattro angoli facendoli incontrare al centro.

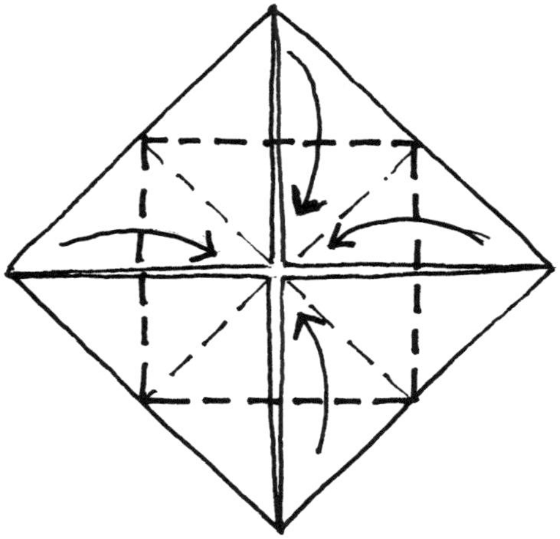

passo 3

Piegate a valle i quattro angoli facendoli incontrare al centro.

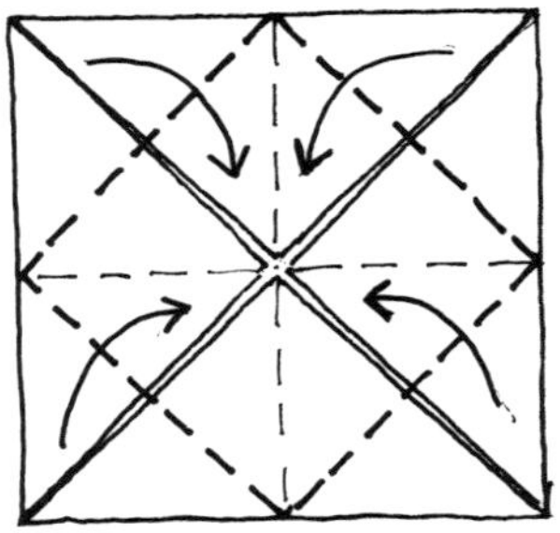

passo 4

Piegate a valle i quattro angoli facendoli incontrare al centro, poi ruotate il modello di 45 gradi in modo che vi appaia come un quadrato.

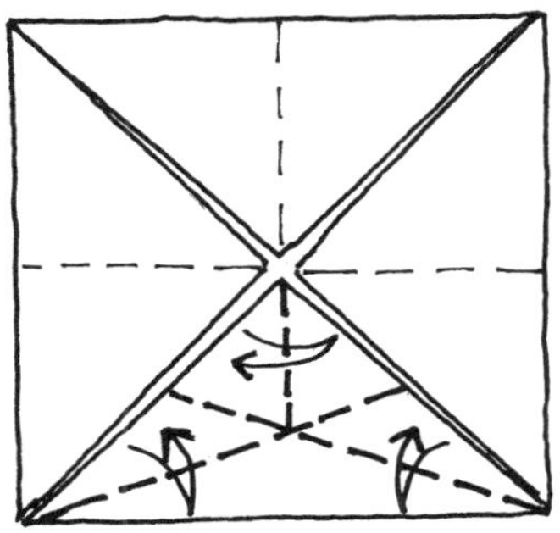

passo 5

Questo passo e il prossimo sono chiamati «piegatura a orecchio di coniglio». Piegate a valle aprite sulle linee tratteggiate.

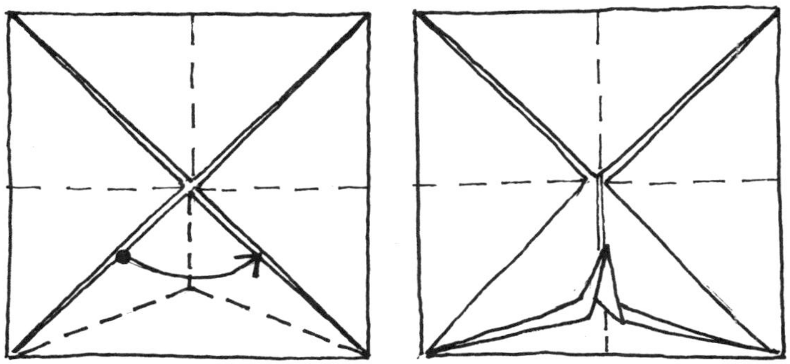

passo 6

Unite i due lati in modo da ottenere l'orecchio del coniglio. Ripetete l'operazione per le altre tre linguette triangolari, poi capovolgete il modello.

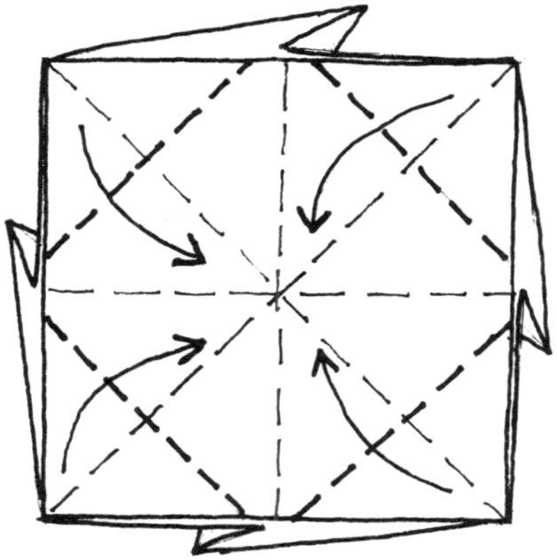

passo 7

Notate la posizione delle linee di piegatura; non formano un quadrato esatto. Piegate a valle lungo le linee tratteggiate. Realizzate le pieghe in tutti gli strati del modello; potrebbe essere un po' difficile, visto lo spessore.

passo 8

Tirate la piegatura verso l'esterno, dove indicato, per aprire un petalo. Ripetete l'operazione per gli altri tre angoli..

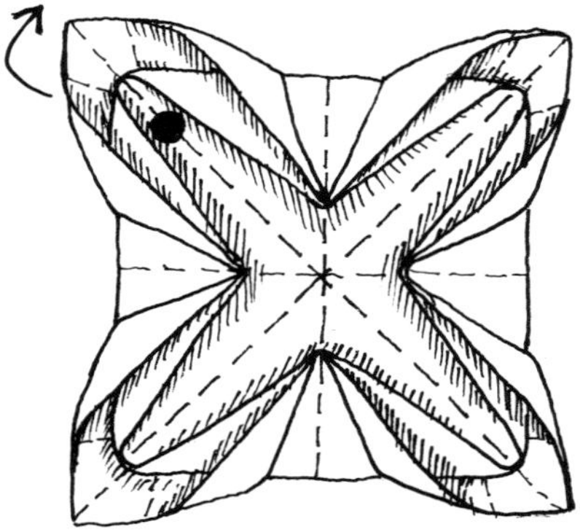

passo 9

Per completare il primo strato di petali e dare loro la loro naturale forma curva, tenete fermo il dito sul punto indicato, poi tirate gentilmente e lentamente l'angolo verso l'alto e rendetelo curvo in modo che formi un petalo; sarà piuttosto rigido, ma perseverate, e gradualmente otterrete l'effetto desiderato. Ripetete l'operazione per gli altri tre angoli. Scoprirete che la base del modello inizia ad essere curva, come una ciotola poco profonda.

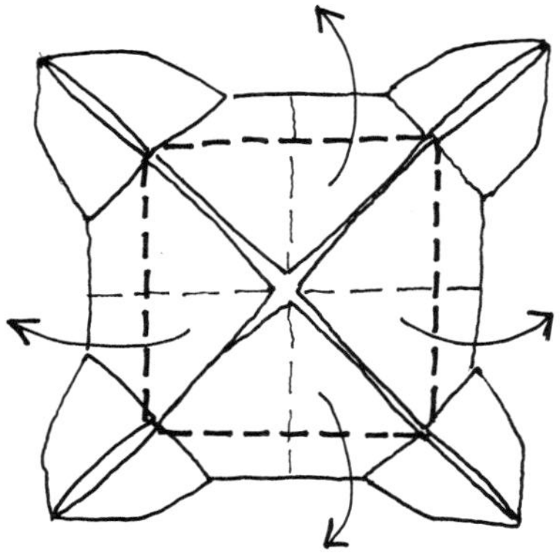

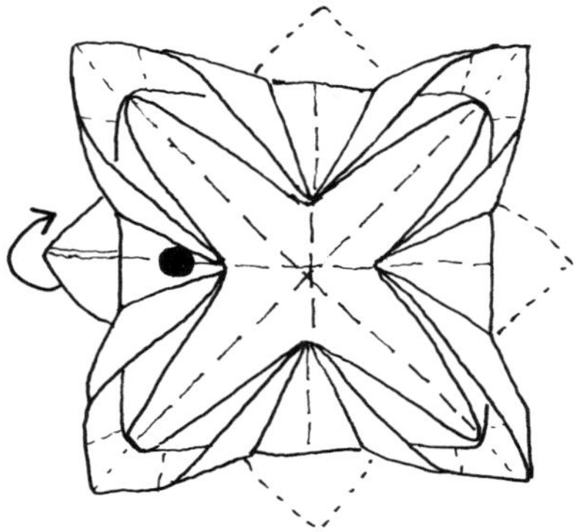

passo 10

Sul retro del modello troverete quattro linguette ad angolo, che formeranno il secondo strato di petali. Tirate verso l'esterno tutti gli angoli e portateli intorno e sopra la parte frontale del modello. Mantenete pressione sul punto nero e tirate e arricciate l'angolo. Ripetete l'operazione per gli altri tre petali. Quando avete completato il secondo strato di petali, troverete la terza serie – quella finale – di linguette ad angolo nella parte posteriore. Ripetete il passaggio per formare la serie finale di petali. Prestate attenzione quando tirate i petali perché se lo fate con troppa forza la carta si romperà. Dovete tirare con gentilezza, come se steste cercando di sbrogliarli. Potreste trovare più facile far ondeggiare lentamente il petalo a sinistra e a destra mentre lo estraete. Se vi può aiutare provate a utilizzare un foglio di carta più grande.

Annotate le vostre riflessioni durante la piegatura.

....

....

....

....

....

....

«Dovete crescere dall'interno. Nessuno può insegnarvi, nessuno può rendervi spirituali. Non esiste altro insegnante se non la vostra stessa anima».

Swami Vivekananda

tulipano 鬱金香

Per secoli i fiori hanno parlato un linguaggio simbolico. Dalla passione di una rosa rossa, all'innocenza e purezza di un giglio bianco, i fiori portano messaggi di gioia, amore, ricordo, lutto, pace e amicizia.

I tulipani arrivano dalla Persia e dalla Turchia, dove i loro delicati bulbi, che conquistano il cuore con la loro grazia ed enigmatica compostezza, sono riveriti come simboli di buona fortuna. Durante il regno del re turco Ahmed III erano considerati un simbolo di ricchezza e prestigio tanto potente che il periodo fu successivamente conosciuto come l'«Era del Tulipano». E quando questi fiori appariscenti e vistosi, con i loro petali rigati da fiamme, arrivarono in Europa, esercitarono sulla gente il medesimo fascino grazie alle loro incessanti mutazioni e ai loro misteri. In Olanda diventarono oggetto di un'ossessione nazionale. La loro bellezza era tenuta in così grande considerazione che i bulbi acquisirono uno status quasi nobile.

La comparsa dei primi tulipani annuncia l'inizio della primavera e il risveglio della natura dal suo sonno invernale. Quando la natura comincia a fiorire e i germogli diventano fiori, anche noi cominciamo a pensare al cambiamento e al nostro sviluppo personale. Mentre realizzate il vostro tulipano, pensate a cosa volete ottenere questa stagione. Quale evoluzione desiderate come persone? Come potete migliorare la vostra vita in qualche modo o reprimere gli aspetti negativi?

Lasciate che la vostra mente vaghi e contempli questi pensieri e i cambiamenti che potenzialmente vi attendono. Osservando la nostra mente iniziamo a capire e a diventare più consapevoli di noi stessi, e così acquisiamo una maggiore abilità nel controllare i nostri pensieri e nel trasformarli in azioni.

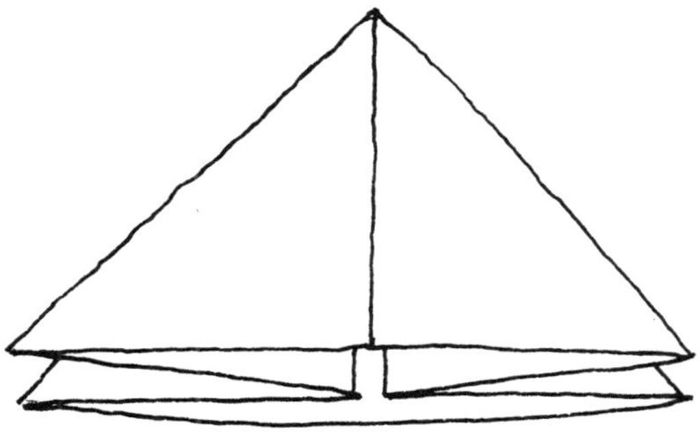

passo 1

Iniziate preparando una base a triangolo (vedi pagina 34).

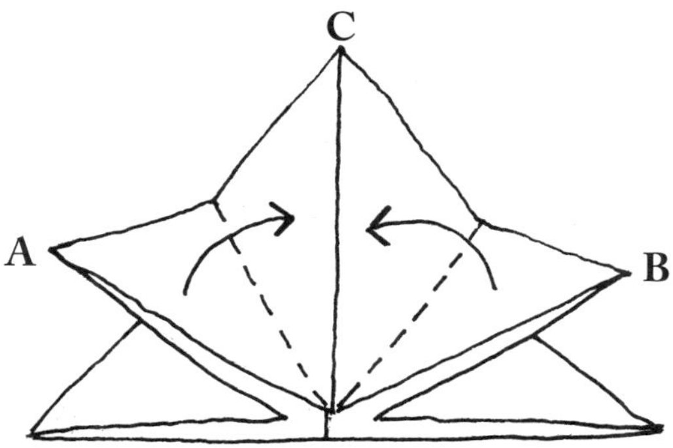

passo 2

Lavorando solo sullo strato superiore, piegate a valle A e B in modo che si incontrino nel punto centrale, C. Capovolgete il modello e ripetete sul lato opposto.

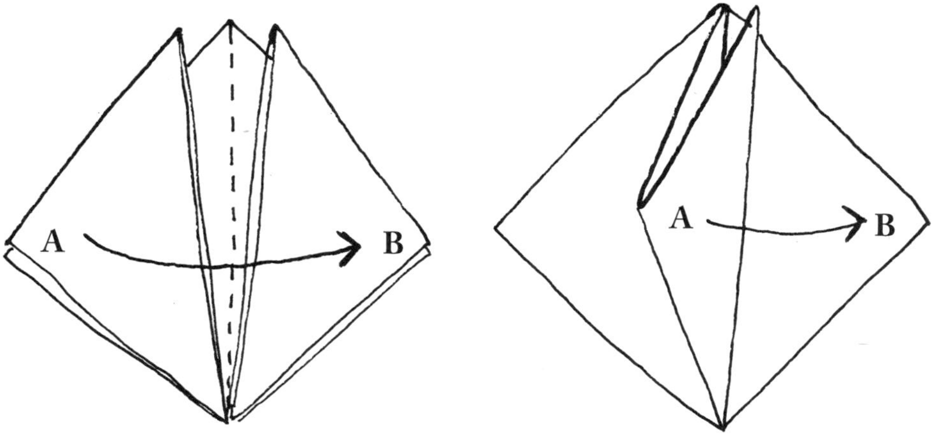

passo 3

La prossima piegatura si chiama «sfogliare il libro». Piegate il lato sinistro verso destra, come se steste girando la pagina di un libro all'indietro. Capovolgete il modello e ripetete sul lato opposto. Ora dovreste avere ottenuto un quadrato piatto su entrambi i lati.

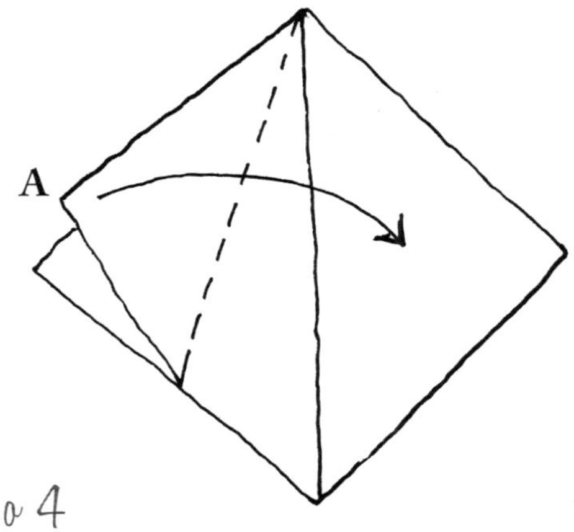

passo 4

Piegate a valle A sopra la linea centrale, superandola di 5 mm.

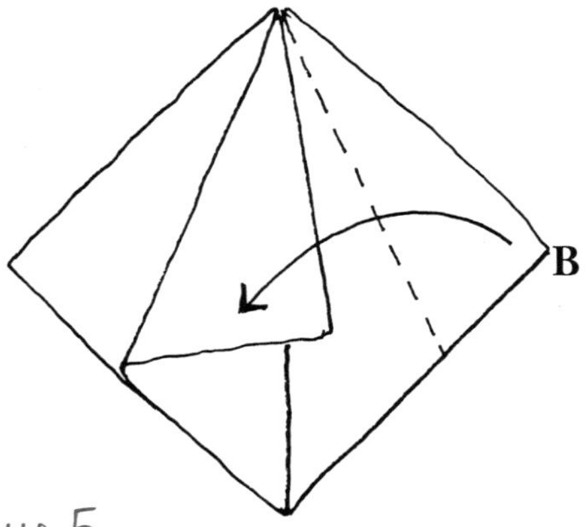

passo 5

Fate lo stesso per il lato destro, piegando a valle B, superando la linea centrale di 5 mm.

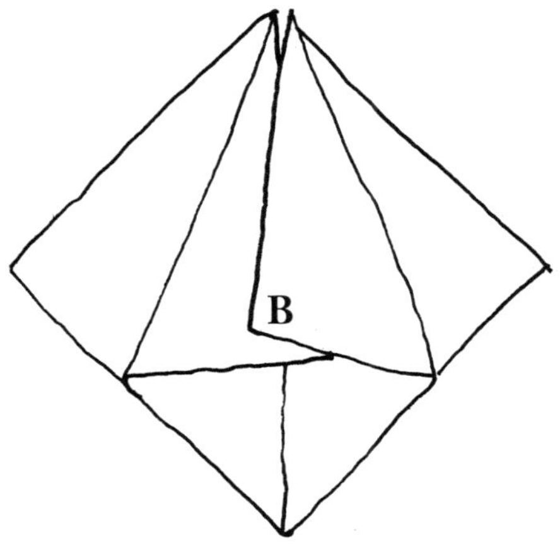

passo 6

Capovolgete il modello e ripetete le due piegature sul lato opposto.

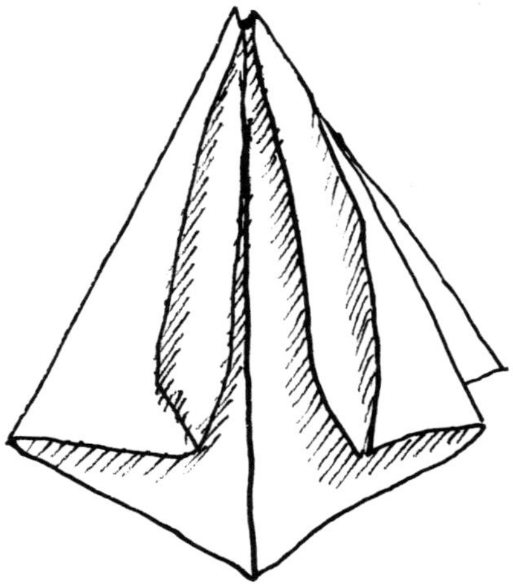

passo 7

Ora avete la forma di un aquilone. Aprite ciascuna delle due ultime piegature e creerete una tasca. Forzerete una delle linguette nella sua tasca opposta.

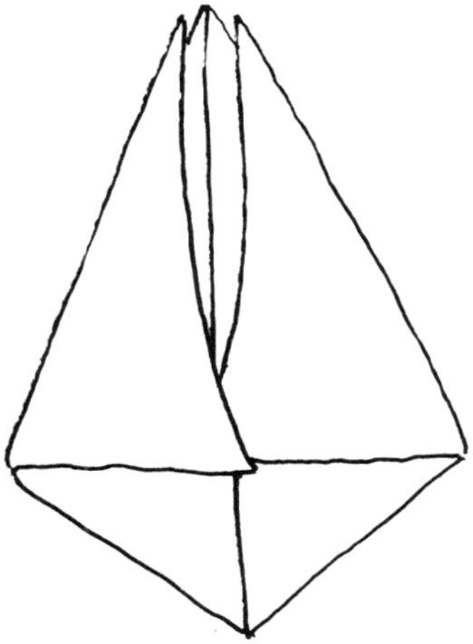

passo 8

Premete l'angolo della linguetta sul lato destro nella tasca sul lato sinistro, spingendola all'interno.

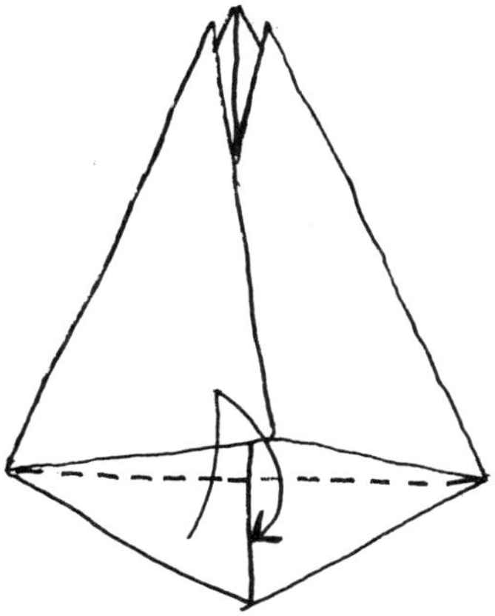

passo 9

Piegate a valle la linea tratteggiata e riaprite. Capovolgete e ripetete sul lato opposto.

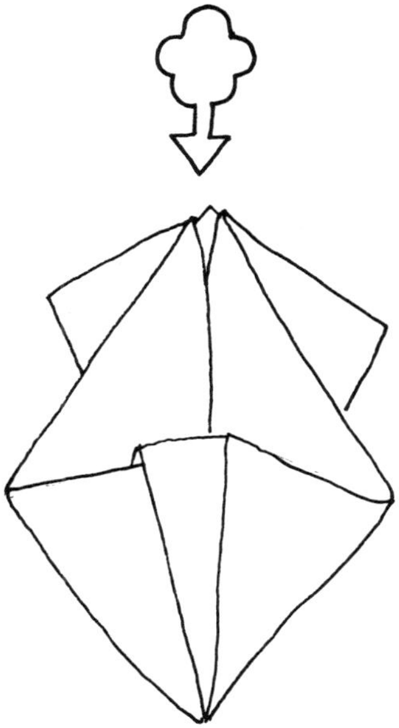

passo 10

Ruotate il modello di 180 gradi e aprite verso l'esterno le quattro braccia. Noterete un piccolo foro sulla parte superiore. Soffiate nel foro per gonfiare il tulipano, poi picchiettate gentilmente la base per renderla piatta.

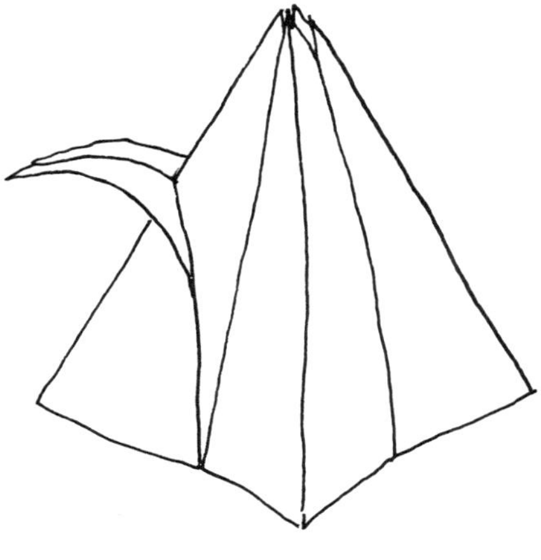

passo 11

Sulla parte superiore del tulipano ci sono quattro angoli, che sono le punte dei petali. Tirate tutte le punte verso di voi e verso il basso, come se steste sbucciando una banana, arricciandole con le dita. Cercate di mantenere la simmetria tra i diversi petali.

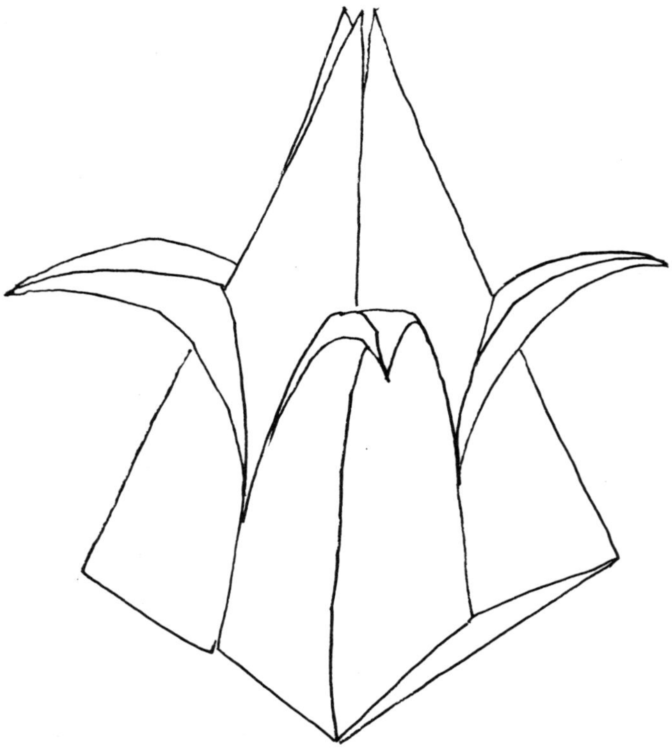

Perché non realizzare un mazzo di tulipani e regalarlo a qualcuno, oppure sistemarlo in un vaso in modo che possa decorare la vostra casa? Potete comprare del filo di ferro per fiori in un negozio specializzato o su Internet; infilandolo nel centro del tulipano ne creerete lo stelo.

«Quando vi rimangono solo due centesimi, con uno comprate un pezzo di pane, con l'altro un giglio».
Proverbio cinese

giglio 百合花

La prima volta che lessi il proverbio riportato qui sopra, pensai che non avesse senso. Perché un uomo povero con due centesimi dovrebbe sprecarne uno per un fiore, che non ha certo la capacità di nutrirlo? Solo più tardi capii che il fiore rappresenta il sostentamento spirituale. Il pane darà da mangiare al corpo, il giglio invece nutrirà la sua anima.

Per vivere una vita davvero appagante, abbiamo bisogno di qualcosa di più delle cose materiali: dobbiamo nutrire il nostro cuore e la nostra mente, non solo il corpo. Molte volte siamo concentrati sul soddisfare i bisogni materiali, e trascuriamo i nostri bisogni mentali, emotivi e spirituali. Ci viene insegnato che con la conoscenza e gli studi accademici otterremo carriere di successo e ricompense economiche. Raramente consideriamo l'acquisizione di conoscenza, di per sé, come un'attività piacevole, eppure le nostre menti bramano conoscenza: dovete nutrire le vostre menti. Ogni persona troverà nutrimento spirituale a modo suo. Molti lo troveranno con la religione, altri attraverso le arti, altri ancora con lo sport e i viaggi. Qualsiasi cosa sia ci deve far sentire come se avessimo uno scopo nella vita.

Mentre realizzate il vostro giglio, meditate su cosa nutre la vostra anima. Potrebbe essere la lettura, la cucina, l'origami, o il volontariato. Cosa vi apre il cuore e l'immaginazione?

riflessioni

Per un certo periodo, l'origami per me era solo un hobby, un passatempo a cui mi dedicavo mentre andavo al lavoro. Non avevo pensato che ciò che facevo era trasformare un semplice pezzo di carta in un qualcosa di bellissimo. Con il passare del tempo l'origami è diventato più importante per me; è diventato soprattutto la mia meditazione quotidiana. Mentre sto seduto sul treno a piegare la carta, contemplo la natura del modello e come esso rappresenti aspetti di me o della mia vita. L'origami è anche diventato un'opportunità inaspettata per parlare con gli estranei. I pendolari curiosi mi guardano, i bambini mi chiedono cosa io stia facendo, e di solito finisco per regalare loro il modello appena realizzato. Anche se i nostri figli stanno crescendo in un mondo digitale, è bello sapere che un giocattolo di carta è ancora capace di farli sorridere.

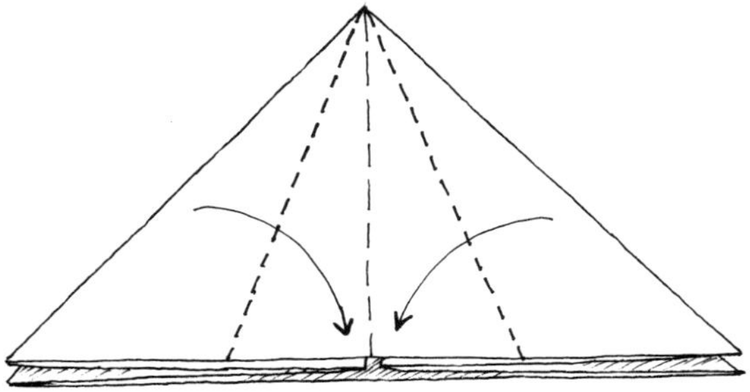

passo 1

Iniziate con una base triangolare (vedi pagina 34). Eseguite una contropiega interna lungo le linee tratteggiate, poi capovolgete il modello e ripetete l'operazione sul lato opposto.

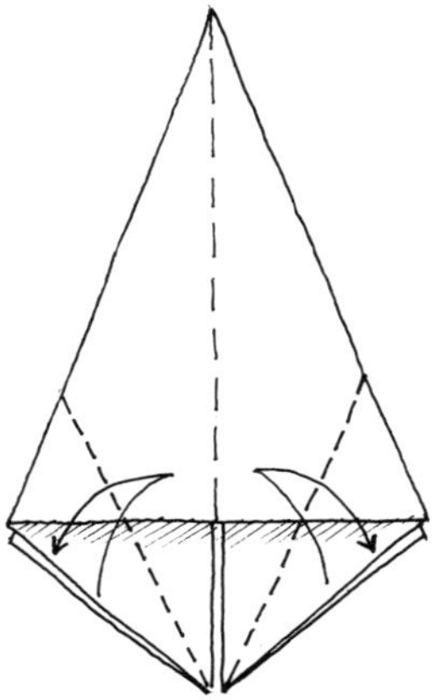

passo 2

Piegate a valle e riaprite lungo le linee tratteggiate. Ripetete sul lato opposto.

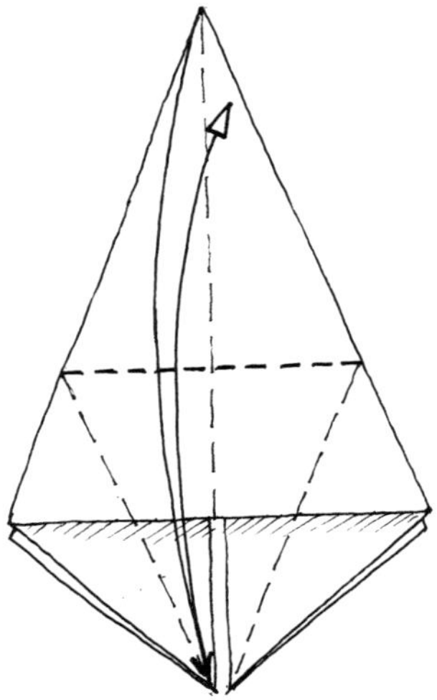

passo 3

Piegate a valle e riaprite lungo le linee tratteggiate, per tutti gli strati del modello.

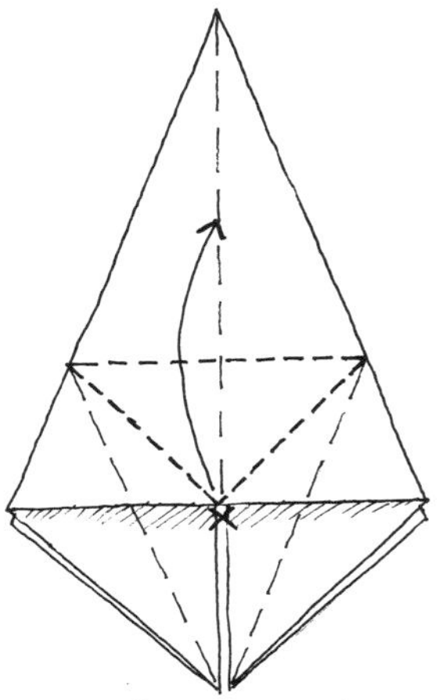

passo 4

Notate la posizione della piega a valle orizzontale e delle due pieghe a monte diagonali. Sollevate il punto X. Mentre lo sollevate noterete che gli angoli A e B inizieranno a muoversi l'uno verso l'altro; fate in modo che si incontrino al centro. Il punto X inizierà a formare un punto triangolare. Ripetete sugli altri tre lati. Questo modello è realizzato partire da una base triangolare con quattro rami; dovrete ripetere ciascun passo per un totale di quattro volte. Girate il modello di 90 gradi e ripetete questo passo per tutti i rami.

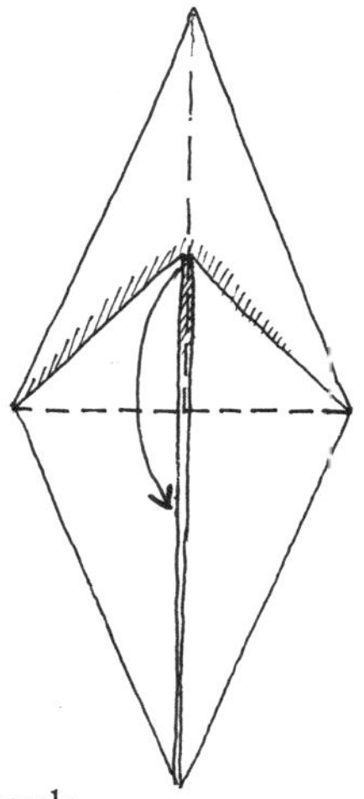

passo 5

Piegate a valle lungo la linea tratteggiata in modo che il triangolo punti verso il basso. Ripetete sugli altri tre lati, poi ruotate il modello di 180 gradi.

passo 6

Notate la linguetta triangolare al centro del modello. State per eseguire una piega «sfogliare il libro». Piegate solo lo strato superiore, da sinistra a destra, come se steste sfogliando una pagina di un libro. Vi ritroverete con una forma di diamante. Ripetete sul lato posteriore.

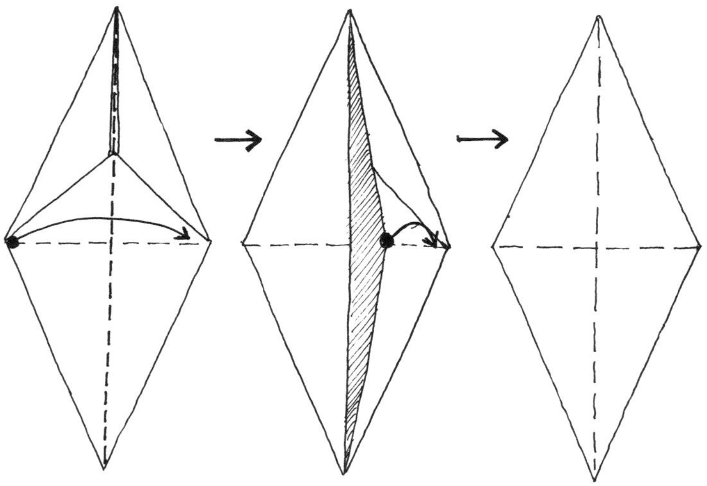

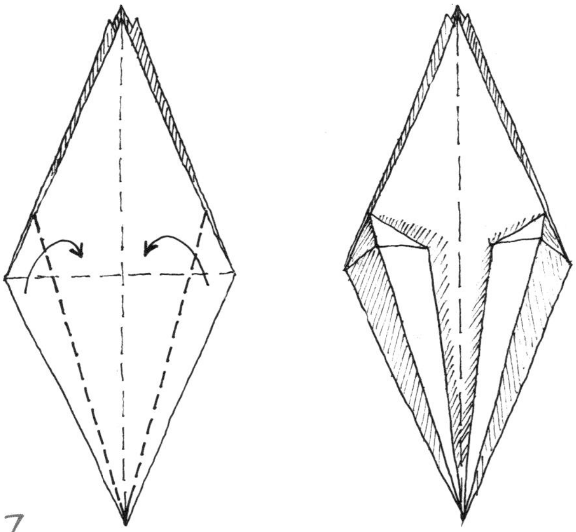

passo 7

Prendendo solo lo strato superiore, piegate a valle lungo le linee tratteggiate. Ripetete sugli altri tre lati.

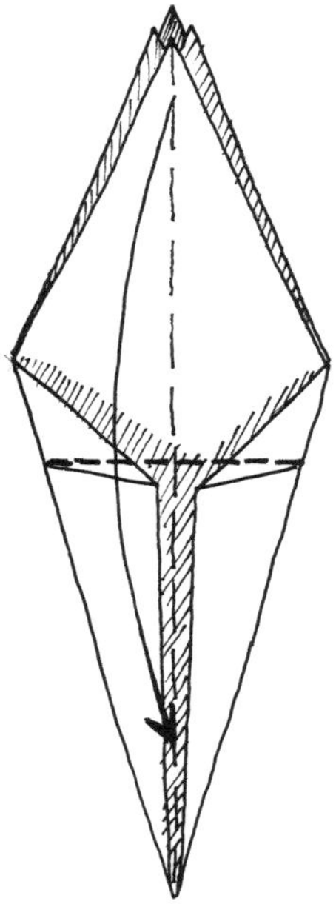

passo 8

Per creare i petali, piegate a valle lungo la linea tratteggiata, poi ripetete sugli altri tre lati.

passo 9

Arricciate gentilmente ogni petalo con la parte posteriore del dito, in modo da completare il giglio.

Tutti i fiori rappresentano un ottimo regalo, ma invece di comprare fiori freschi, come fareste normalmente, perché non provare a creare il vostro mazzo di fiori di carta per un amico o una persona che amate? Un mazzo di fiori realizzato in questo modo rappresenta anche un regalo perfetto per un anniversario di matrimonio.

«Scriverò pace sulle tue ali e tu volerai per tutto il mondo».

Sadako Sasaki

gru 鶴鳥

La gru è il modello di origami più conosciuto. In Giappone la gru rappresenta la longevità, ed è un simbolo di pace. La leggenda vuole che se realizzate 1000 gru di carta un vostro desiderio si realizzerà. Durante la Seconda guerra mondiale c'era una bambina che si chiamava Sadako Sasaki, e che viveva a Hiroshima. Il 6 agosto 1945 la prima bomba atomica fu sganciata sulla popolazione di Hiroshima. Sadako sopravvisse, ma all'età di 12 anni si ammalò di leucemia. Vedendo che la sua salute peggiorava iniziò a creare gru origami, sperando che alla millesima il suo desiderio di guarire sarebbe stato esaudito. La malattia avanzava, però, e quando capì che non sarebbe guarita il suo desiderio diventò quello di ottenere la pace nel mondo. Morì dopo aver realizzato 644 gru, ma i suoi compagni di scuola completarono la sua opera e la seppellirono insieme a 1000 gru origami. La storia di Sadako si diffuse, e ora nel Parco della Pace di Hiroshima c'è una statua di Sadako che regge una gru di carta. L'iscrizione dice: «Questo è il nostro grido. Questa è la nostra preghiera. Pace nel mondo». Ogni anno in occasione della Giornata Mondiale della Pace i bambini di tutto il mondo inviano milioni di gru di carta alla statua del Parco della Pace.

Mentre realizzate la vostra gru, meditate su cosa significhi essere in pace, non solo per il vostro Paese ma per tutte le nazioni e tutti i popoli. Cosa potete fare, come individui, per aiutare a promuovere la pace nel mondo, per voi e per le persone a cui volete bene?

riflessioni

Per molti anni avevo considerato l'origami un'attività divertente ma inutile. Quale utilità potrebbe derivare dal sapere come realizzare un uccello di carta? Poi lessi la storia di Sadako Sasaki, e capii che una cosa di poco conto come un uccello origami aveva dato speranza a una bambina che stava morendo. Quell'uccello realizzato con la carta sarebbe in seguito diventato un simbolo di speranza e di pace in tutto il mondo. Non importa quanto una cosa possa sembrare piccola e inutile; in un contesto diverso può diventare importante e profonda.

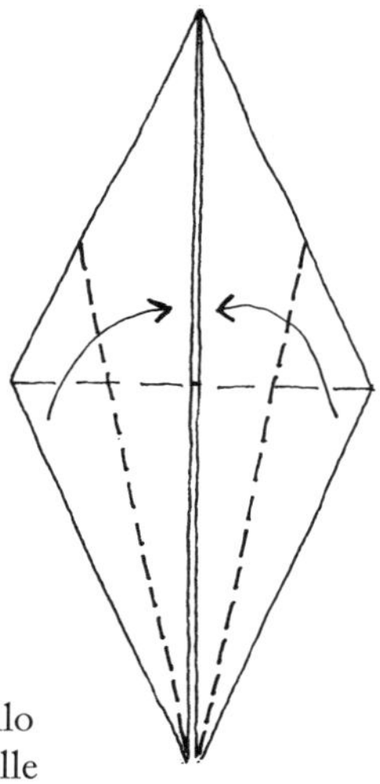

passo 1

Iniziate con una base di uccello (vedi pagina 36). Piegate a valle lungo le linee tratteggiate, poi capovolgete il modello e ripetete sul lato opposto.

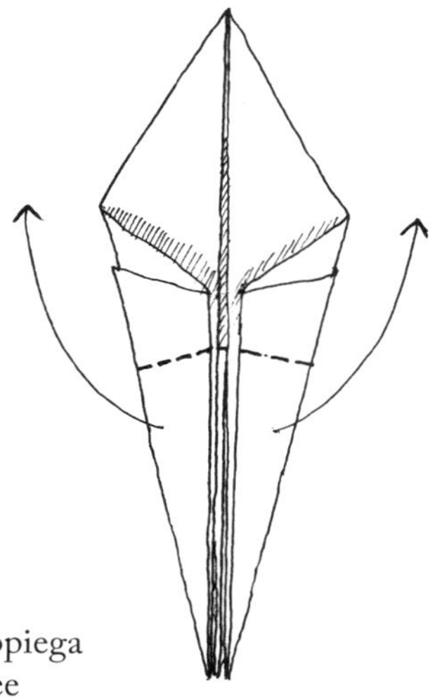

passo 2

Eseguite una contropiega interna lungo le linee tratteggiate.

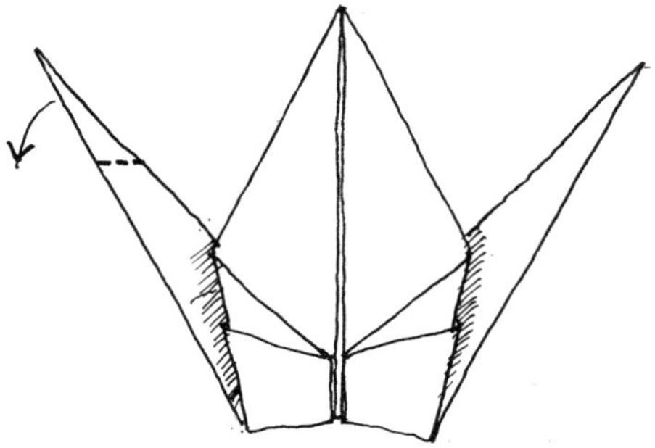

passo 3

Eseguite una contropiega interna lungo la linea tratteggiata per formare il becco.

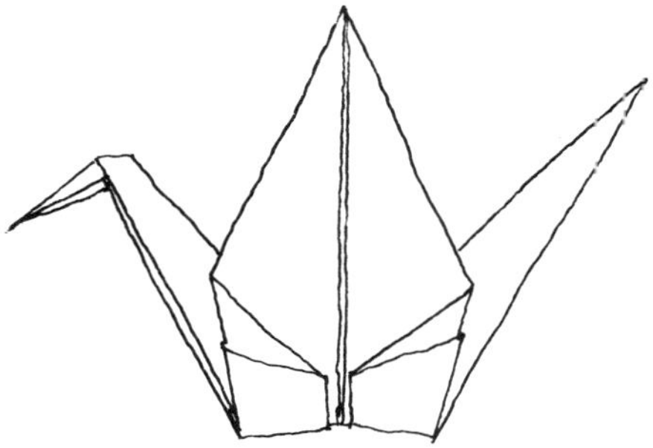

passo 4

Separate gentilmente le ali e il corpo prenderà forma.

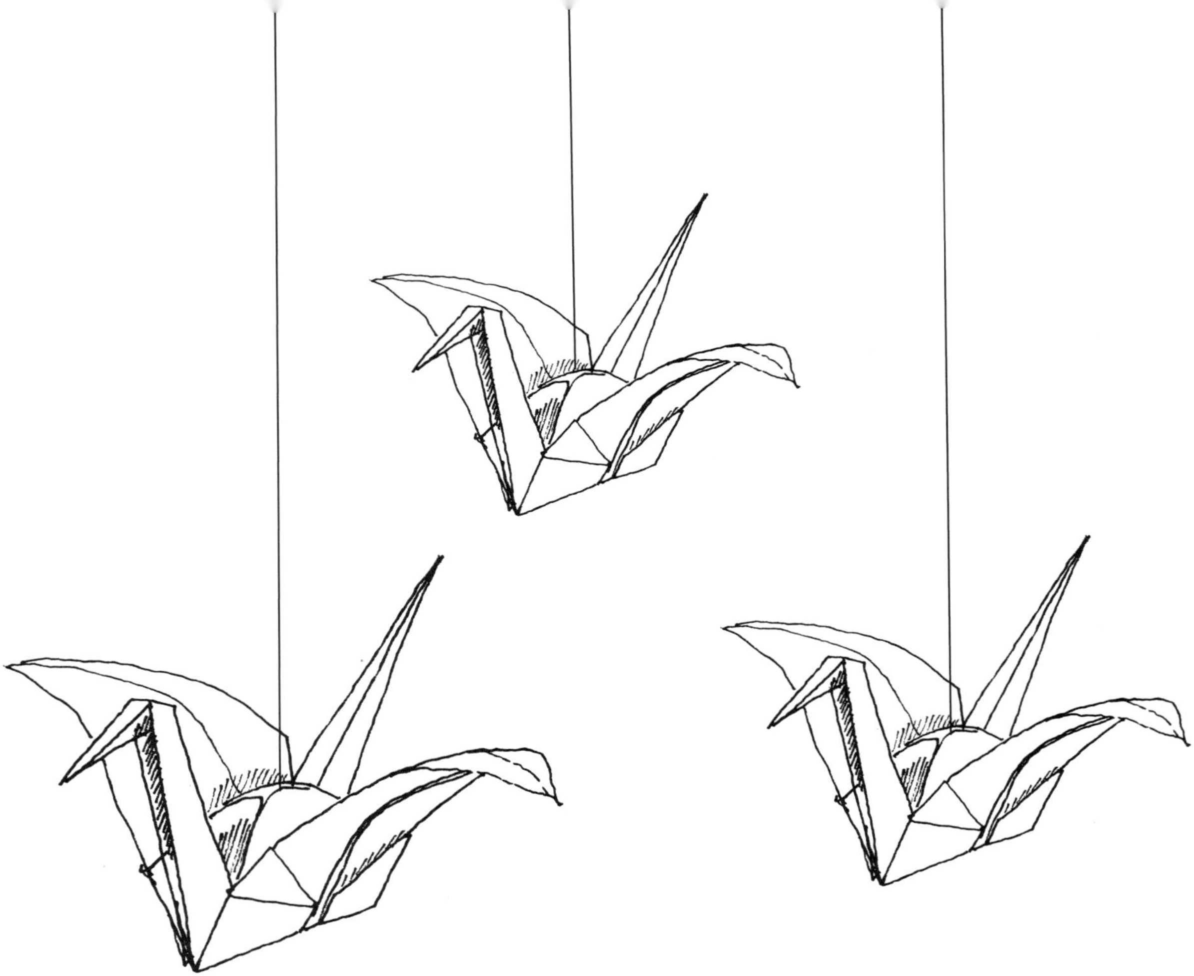

Perché non realizzare diverse gru e regalarle? Le gru di origami possono diventare una bellissima scultura mobile per bambini. Attaccate le vostre gru a dei fili, legateli a dei bastoncini di legno o a un anello e osservate lo sguardo dei bambini illuminarsi davanti al volo delle vostre creazioni di carta...

«Ciò che tu non desideri, non farlo agli altri».
Lao Tzu

uccello che batte le ali 鳥

La gru e l'uccello che batte le ali sono modelli quasi identici; mentre però la gru è tridimensionale, l'uccello che batte le ali è piatto. Quest'ultimo è anche uno dei rari origami che cattura non solo la forma ma anche il movimento: potete fare in modo, come il nome del modello suggerisce, che l'uccello batta le ali.

Ogni azione ha un effetto. In tutte le religioni e le filosofie c'è la convinzione che le azioni abbiano conseguenze, buone e cattive. Nella Bibbia è scritto che «ciò che uno semina, raccoglie», mentre nel buddismo e nell'induismo è presente la nozione di karma: le buone azioni trasformano il mondo in un luogo più felice, mentre le cattive azioni lo rendono più triste.

Mentre realizzate il vostro uccello e gli fate battere le ali, riflettete sulla natura del karma. Quali azioni hanno avuto conseguenze positive e negative nella vostra vita? Cosa potete fare per portarvi un buon karma, e quali azioni potete compiere per portare più felicità nel mondo?

riflessioni

L'uccello che batte le ali è il motivo per cui iniziai la pratica dell'origami. Uno dei miei insegnanti realizzò un uccello di carta, e io ricordo la sorpresa dei miei compagni di classe quando quella creazione cominciò a battere le ali. Quando mi capitò di andare in biblioteca chiesi se avessero un libro sull'origami. Da bambino riuscivo solo a completare i modelli più semplici, ma crescendo diventai più abile e riuscii a dedicarmi a creazioni più complesse. All'università scoprii che i fiori di origami avevano grande successo come regali. Una volta, senza pensarci, feci la pubblicità di un piccolo mazzo da me realizzato sul sito Internet di annunci gratuiti Gumtree. Riuscii a venderlo, e continuai a vendere mazzi con lo stesso metodo, fino a quando non fui espulso dal sito! Aprii quindi un mio personale sito Internet (www.sesames.co.uk) per vendere fiori online. Le conseguenze positive dell'azione del mio insegnante – quello che muoveva le ali dell'uccello di carta – continuano a farsi sentire: mi hanno permesso di avviare una mia attività, di tenere workshop e ora di scrivere un libro. Dove vi porterà la vostra prossima azione?

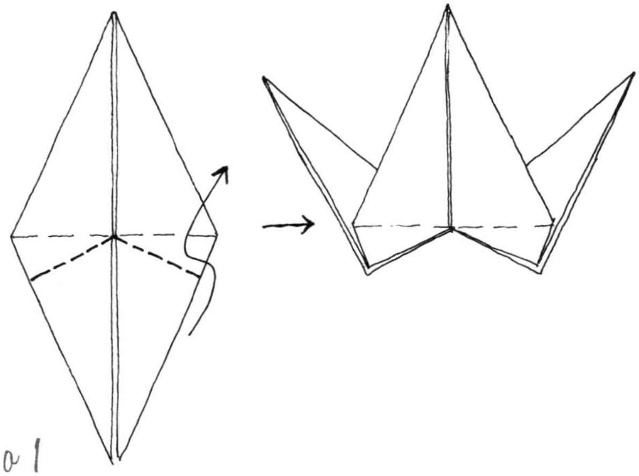

passo 1

Iniziate con la base dell'uccello (vedi pagina 36) tenendolo in modo che le gambe siano rivolte verso il basso. Eseguite una contropiega interna lungo le linee tratteggiate dello strato superiore, poi capovolgete il modello e ripetete sull'altro lato.

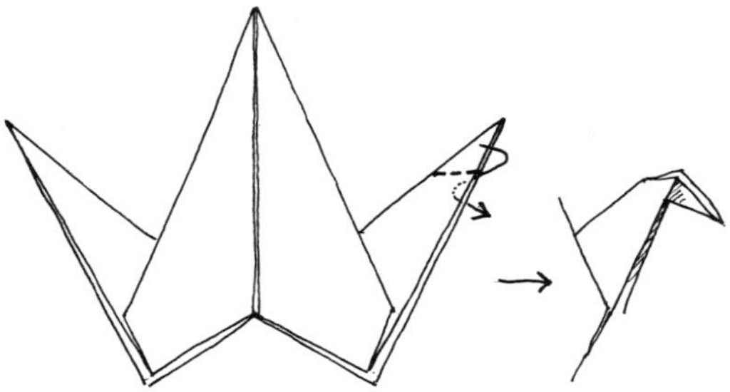

passo 2

Eseguite una contropiega interna sulla linea tratteggiata per formare il becco.

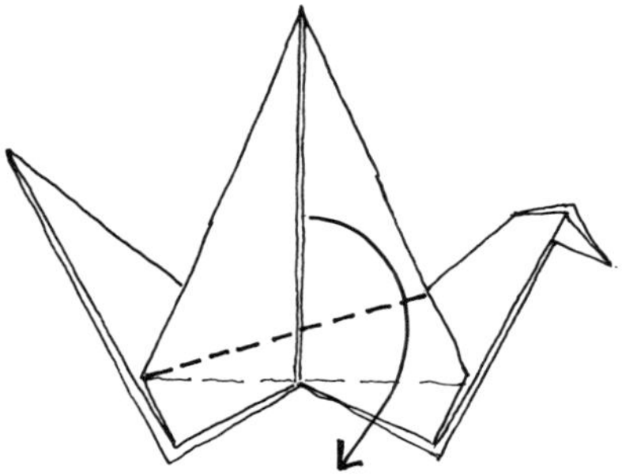

passo 3

Piegate a valle lungo la linea tratteggiata per formare l'ala, poi ripetete per l'altra ala.

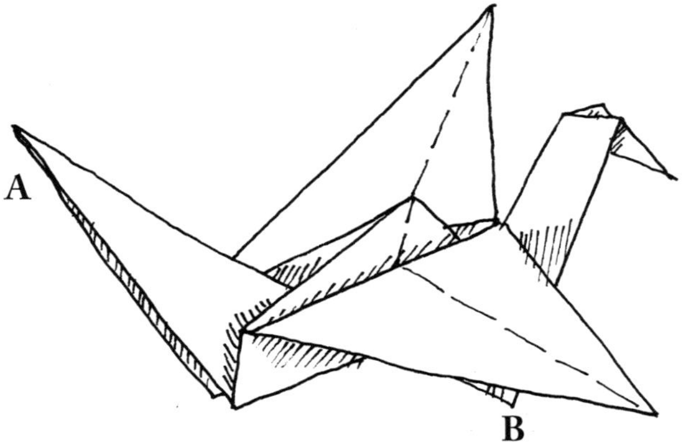

Per fare battere le ali, tenete la coda (A) con una mano e il petto (B) con l'altra, e tirate la coda verso il basso, in modo che si trovi in posizione orizzontale. Tirate la coda avanti e indietro e le ali si muoveranno.

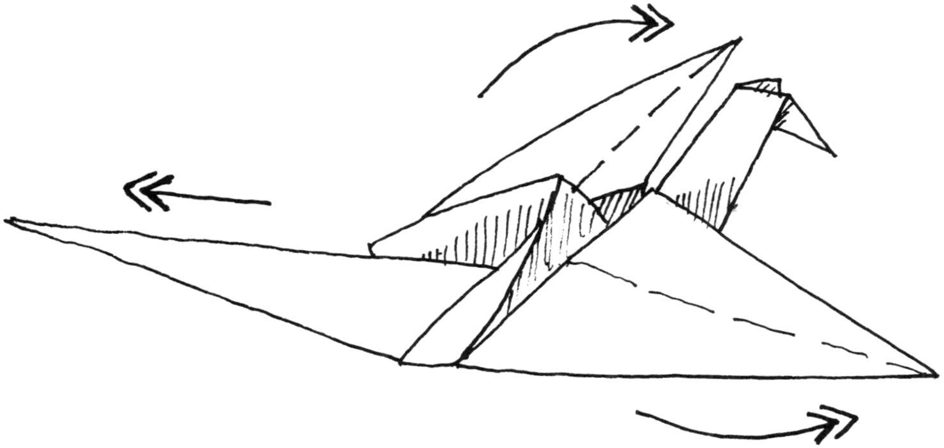

Annotate le vostre riflessioni durante la piegatura

«L'amore non è quando la felicità di qualcun altro è più importante della vostra. È quando la felicità di qualcun altro è la vostra felicità».

Samuel Tsang

cuore

Per vivere il vostro cuore deve battere, ma per essere davvero vivi non basta che il vostro cuore pompi sangue: deve essere pieno di amore. La nostra mente può controllare i nostri pensieri e i nostri ragionamenti, ma è il nostro cuore il punto in cui proviamo amore.

L'amore può assumere molte forme. C'è quello romantico, quello per la nostra famiglia, ma c'è anche quello per la vita stessa e per tutto ciò che può portare; è un tipo di amore necessario, se vogliamo essere soddisfatti della nostra vita. L'amore che riceviamo dalla nostra famiglia è ciò che ci fa diventare delle brave persone, e quando siamo pronti desideriamo dare amore a nostra volta creando una nuova famiglia.

Mentre realizzate il vostro cuore di origami, pensate a qualcuno che amate, qualcuno che vi fa sorridere dentro. Sentite il calore che vi dà il pensiero di quella persona, poi inviatele i vostri sentimenti. A quel punto riflettete e sentite il suo amore che ritorna verso di voi, e che vi avvolge.

riflessioni

Cosa significa l'amore per voi? Io ho passato anni a cercare una definizione dell'amore, e una delle migliori che ho trovato è la citazione riportata a inizio pagina. Credo però che la parola «amore» sia spesso incompresa, e utilizzata nel contesto sbagliato. Non si dovrebbe parlare di amore a cuor leggero. Preferisco il modo in cui la lingua greca antica definisce l'amore, utilizzando parole differenti:

agape – l'amore dell'umanità o di Dio (è la forma di amore più alta)
eros – amore romantico
philia – amore di un amico
storge – amore per un genitore o figlio

Quali sono le persone che amate? Quelle che io amo sono mia madre, mio padre, mia sorella, mia moglie e le mie bambine. Tutte queste persone possono essere descritte con una sola parola: famiglia.

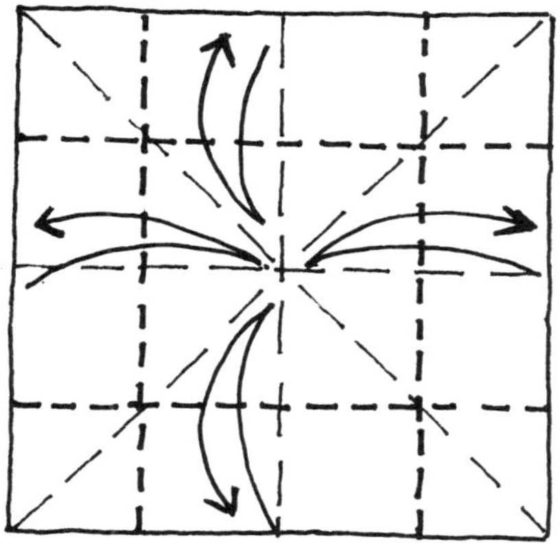

passo 1

Iniziate con una base triangolare aperta (vedi pagina 34). Piegate a valle e aprite lungo le linee tratteggiate.

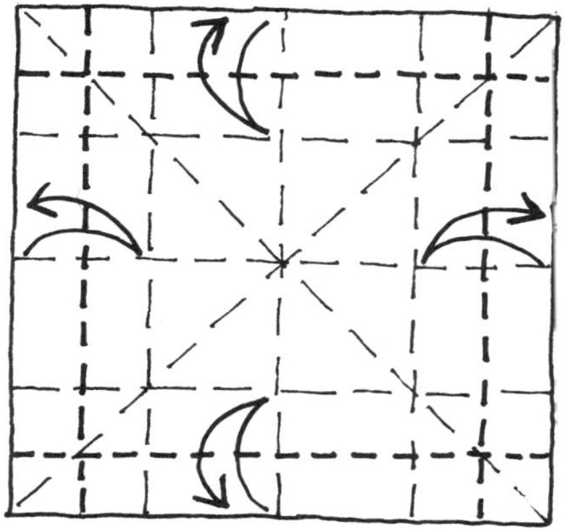

passo 2

Piegate a valle e aprite lungo le linee tratteggiate.

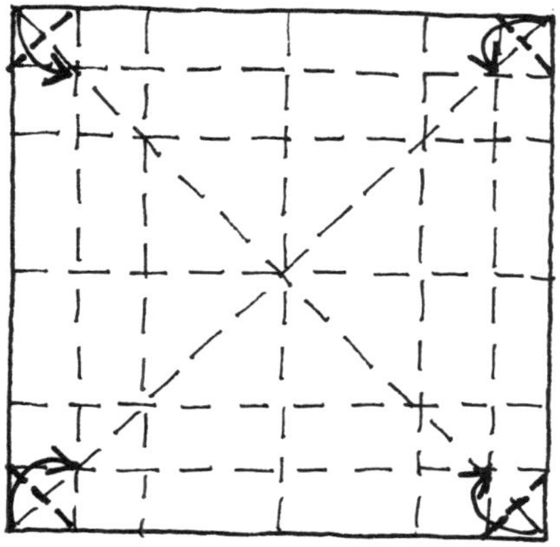

passo 3

Piegate a valle i quattro angoli sulle linee tratteggiate.

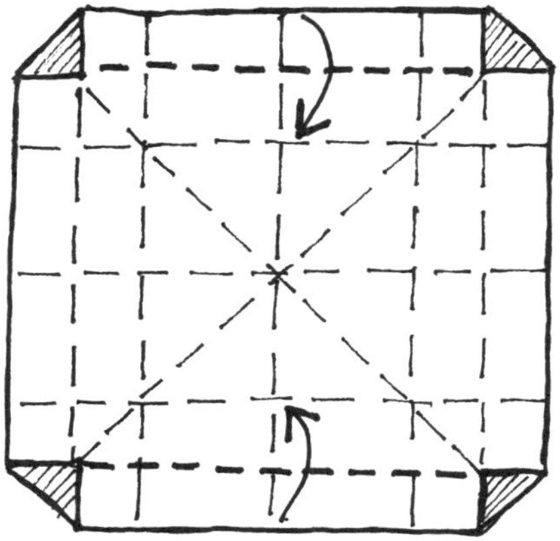

passo 4

Piegate a valle lungo le linee tratteggiate.

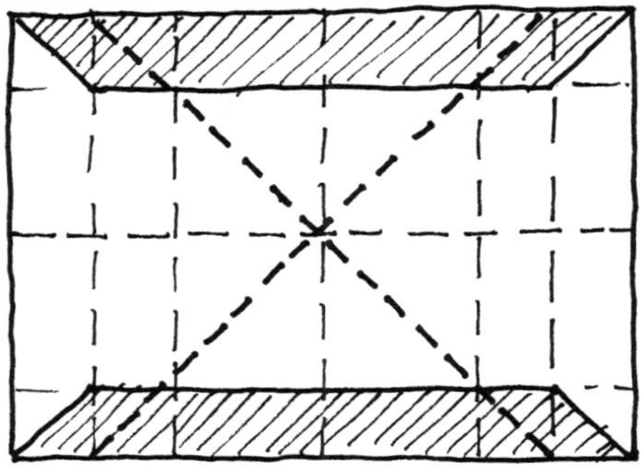

passo 5

Notate la piega a monte orizzontale e le due pieghe a valle diagonali, e chiudete il modello come una base triangolare.

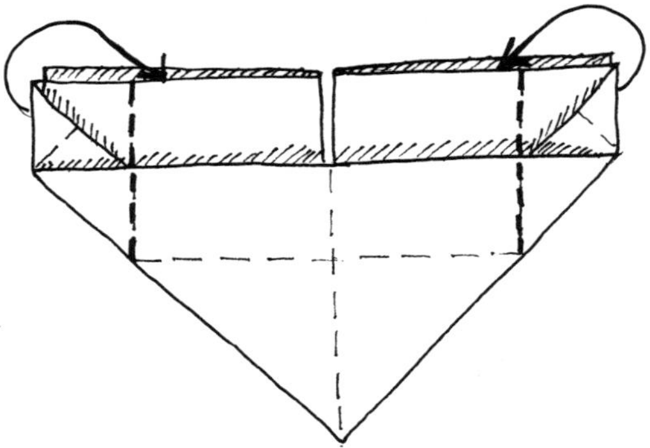

passo 6

Piegate a monte sulla linea tratteggiata e ripetete sulla parte posteriore.

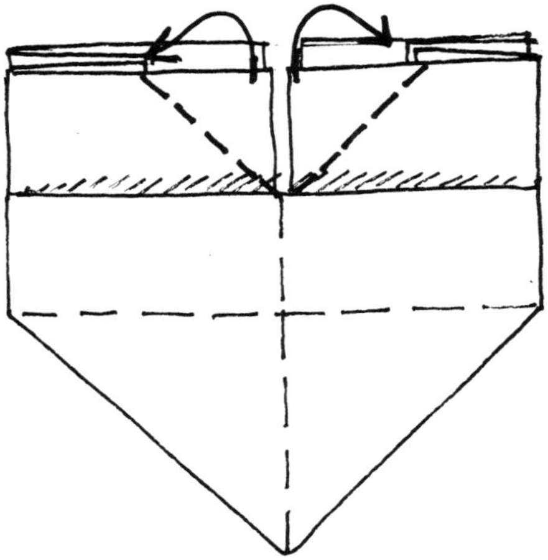

passo 7

Eseguite una contropiega interna sulle linee tratteggiate.

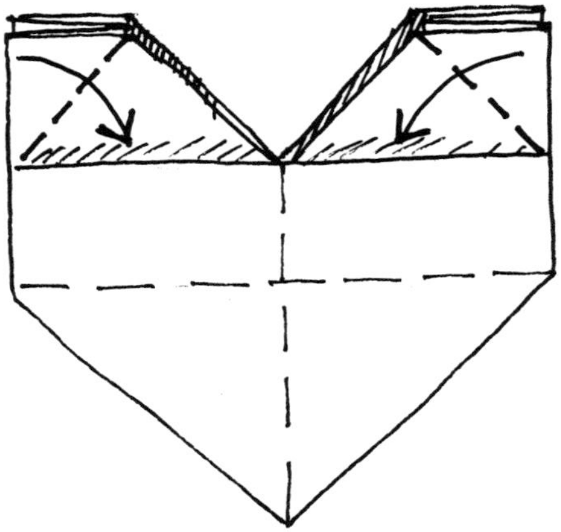

passo 8

Piegate a valle lungo le linee tratteggiate e ripetete sul lato opposto.

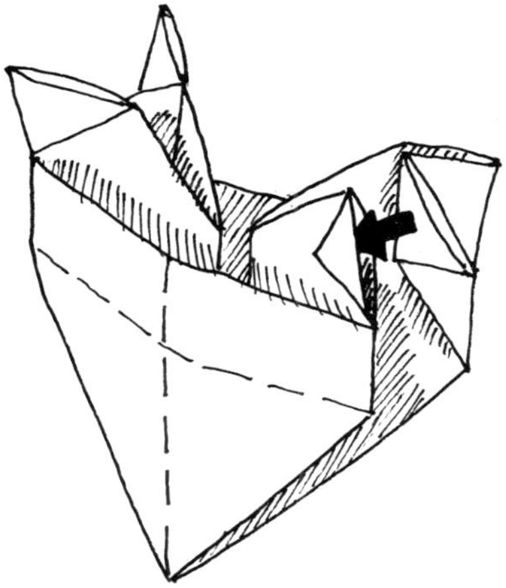

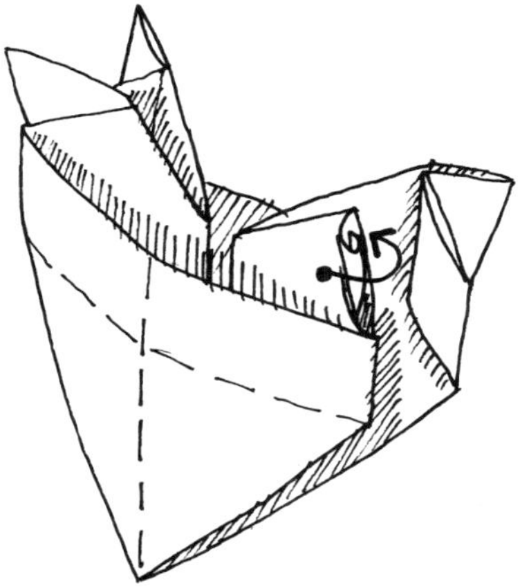

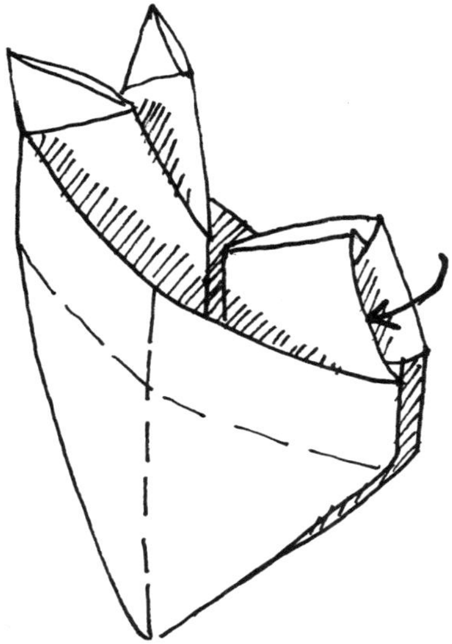

passo 9

Concentrandovi solo sull'angolo superiore destro del cuore, girate il modello verso di voi e guardate il bordo. Ci sarà una tasca come mostrato dalla freccia. Aprite leggermente la tasca. Piegate e arrotolate la linguetta triangolare frontale e infilatela nella tasca, poi inserite nella stessa tasca la linguetta triangolare posteriore. Vedrete che questa operazione sigillerà il lato destro del cuore. Ripetete il passo 9 anche sull'altro lato.

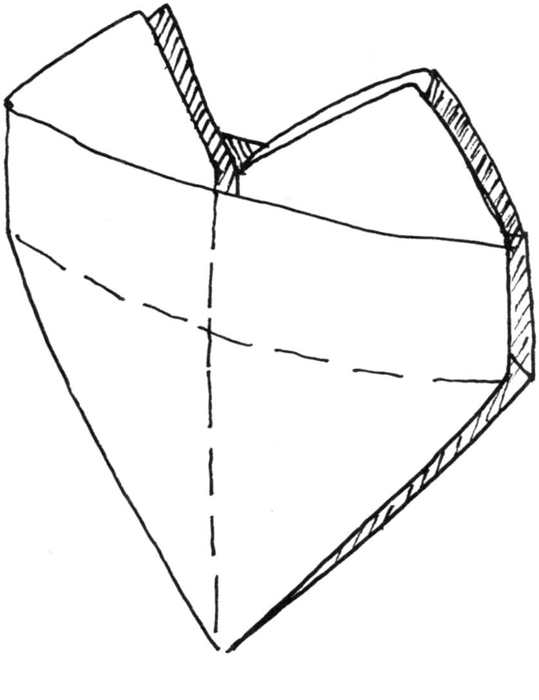

«Un elefante non dimentica mai».

Anonimo

elefante 象

I ricordi sono ciò che ci rendono quelli che siamo; sono il nostro passato, ma danno anche forma al nostro futuro, influenzandolo. Gli elefanti hanno una memoria incredibile, come è stato scientificamente provato. Diversi studi hanno dimostrato che questi animali sono in grado di ricordare l'ubicazione di fonti di acqua e cibo all'interno di un vasto territorio, e di trovarle nei periodi di siccità e carestia. Sono in grado di riconoscere altri elefanti – ed esseri umani – che hanno incontrato decenni prima. E ricordano anche dove si trova il cimitero del loro branco; cercano sempre di tornarci con i compagni la cui vita sta volgendo al termine.

Il tema su cui riflettere mentre realizzate il vostro elefante è la memoria: nello specifico, si tratta di ricordare le persone che vi hanno aiutato nel corso della vostra vita. Al primo posto ci saranno quasi sicuramente la nostra famiglia e i nostri amici, ma molte altre persone che hanno incrociato la nostra strada hanno influenzato le nostre azioni e il modo in cui vediamo il mondo: insegnanti, supervisori, leader religiosi, istruttori di palestra e perfino il nostro insegnante di origami. Pensate alle persone che vi hanno aiutato o che hanno cambiato la vostra vita in qualche modo, e siate grati per il ruolo che hanno giocato.

riflessioni

Creai questo modello di elefante nel 2014, dopo avere ricevuto un'e-mail da Jordan Christmas, dello ZSL Whipsnade Zoo. Mi contattò per chiedermi se avessi voluto dare il mio aiuto per tentare di battere un record mondiale: la creazione della più grande esibizione di elefanti di origami mai realizzata. Lo zoo voleva alzare il livello di consapevolezza generale riguardo al pericolo di estinzione degli elefanti. L'obiettivo era quello di avere 30.000 modelli, numero che corrisponde a quello degli elefanti attualmente viventi allo stato brado. Accettai, e inviai un'e-mail a tutti i membri della British Origami Society, chiedendo il loro aiuto. Nei mesi successivi lo zoo cominciò a ricevere via posta centinaia di elefanti di carta provenienti da ogni parte del mondo. In ottobre io e altri tre membri della British Origami Society trascorremmo otto ore a contare elefanti realizzati con la tecnica origami. Ne contammo 33.768, e lo ZSL Whipsnade Zoo raggiunse ufficialmente il record mondiale per la più grande esibizione di elefanti di carta, tutt'ora in esposizione permanente. Davvero un'avventura origami che non dimenticherò mai!

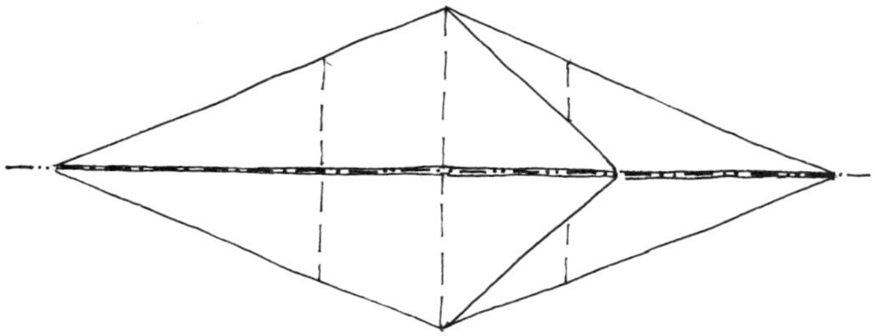

passo 1

Il modello di elefante richiede molte contropieghe esterne e interne (vedi pagina 25), quindi dovete prendere confidenza con tale tecnica prima di cimentarvi nella realizzazione di questo origami. Cominciate con una base di pesce (vedi pagina 38). Piegate a monte lungo la linea tratteggiata.

passo 2

Piegate a valle e riaprite lungo la linea tratteggiata, poi ripetete sul lato posteriore. Attenzione: per i passaggi 2-6 quando capovolgerete il modello lavorerete su un oggetto che si presenterà speculare a quello mostrato nell'immagine qui sopra.

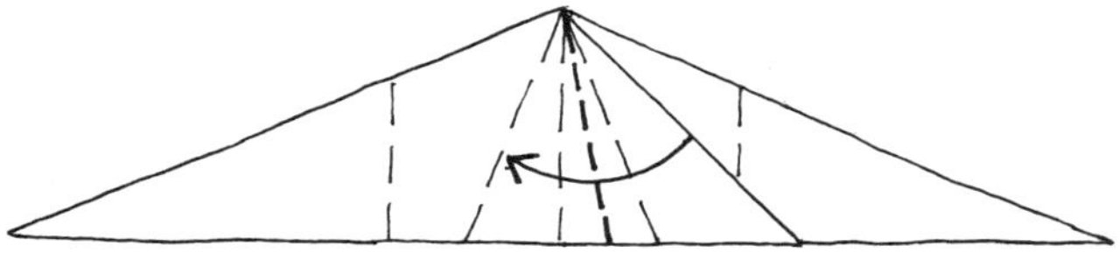

passo 3

Piegate a valle lungo la linea tratteggiata, poi ripetete sul lato posteriore.

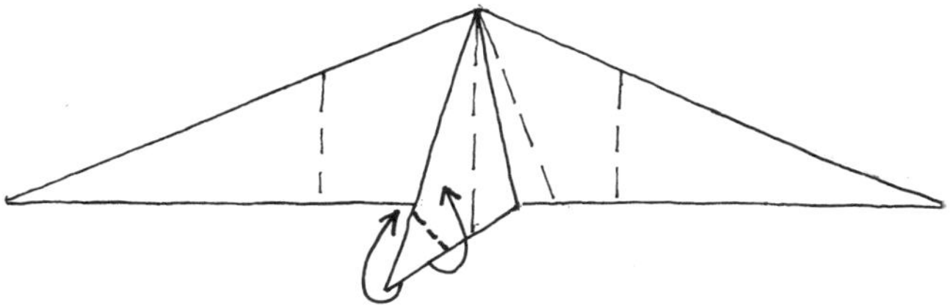

passo 4

Eseguite una contropiega esterna lungo la linea tratteggiata. Per fare ciò dovrete aprire la parte laterale del modello (vedi pagina 27). Ripetete sul lato posteriore.

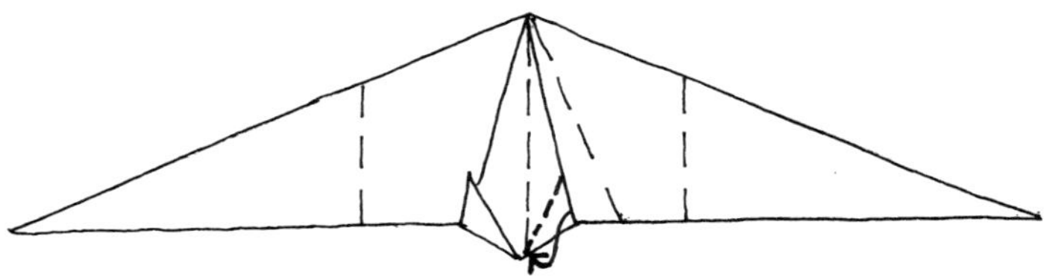

passo 5

Eseguite una contropiega interna lungo la linea tratteggiata. La contropiega interna coinvolge entrambi gli strati della gamba. Ripetete sul lato posteriore.

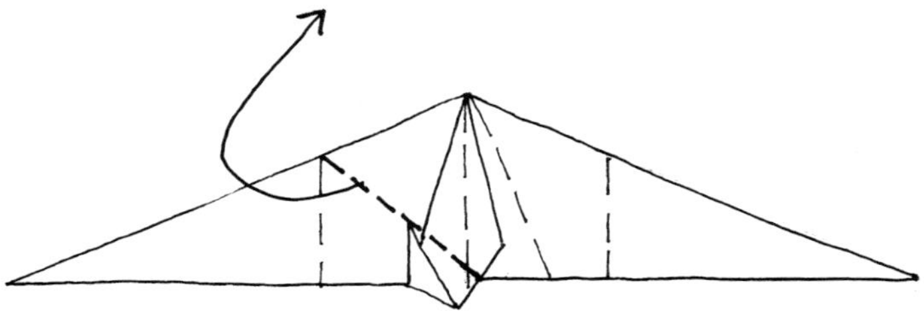

passo 6

Eseguite una contropiega interna lungo la linea tratteggiata. La contropiega interna coinvolge tutti gli strati del modello. Notate come la linea tratteggiata inizi nel centro del modello e arrivi fino alla linea di piega a un terzo della distanza dal centro; dovrete spostare la gamba in modo che non vi impedisca di eseguire la piega a valle iniziale.

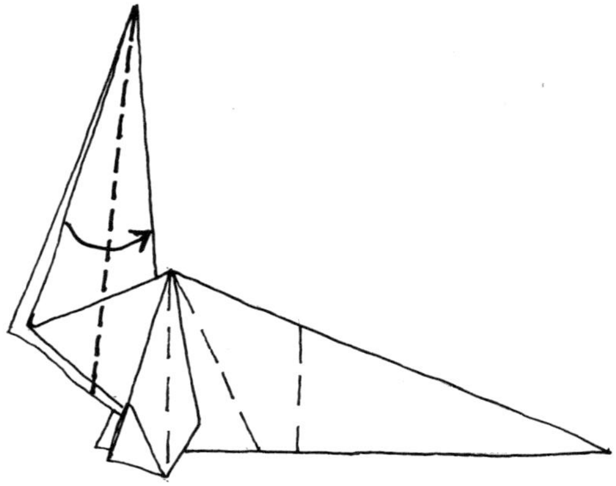

passo 7

Piegate a valle lungo la linea tratteggiata e ripetete sul lato posteriore.

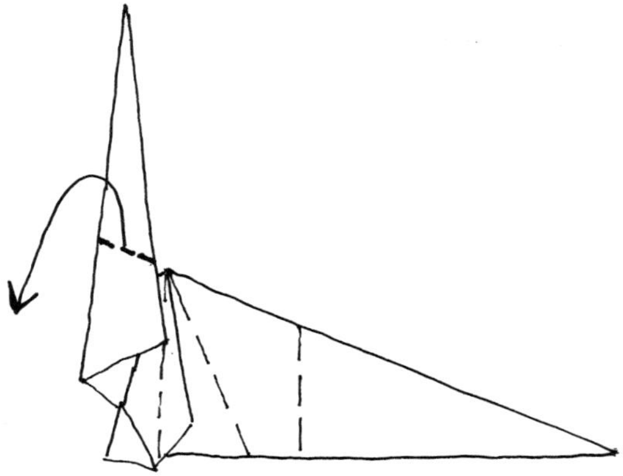

passo 8

Eseguite una contropiega interna lungo la linea tratteggiata (state iniziando a realizzare il tronco dell'elefante).

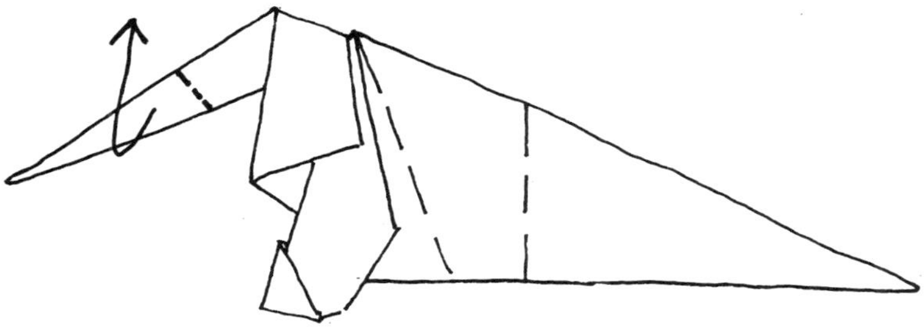

passo 9

Eseguite una contropiega interna lungo la linea tratteggiata. I passi 9-11 completeranno il tronco dell'elefante. Non preoccupatevi di realizzare angoli identici a quelli delle immagini qui mostrate; il tronco può puntare in qualsiasi direzione, a vostro piacimento.

passo 10

Eseguite contropieghe interne lungo le linee tratteggiate per completare il tronco.

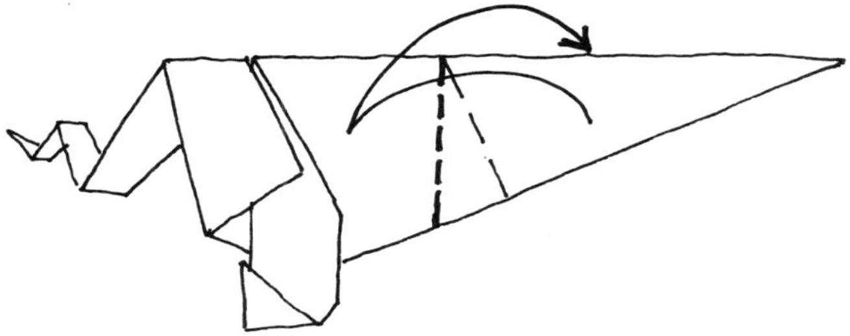

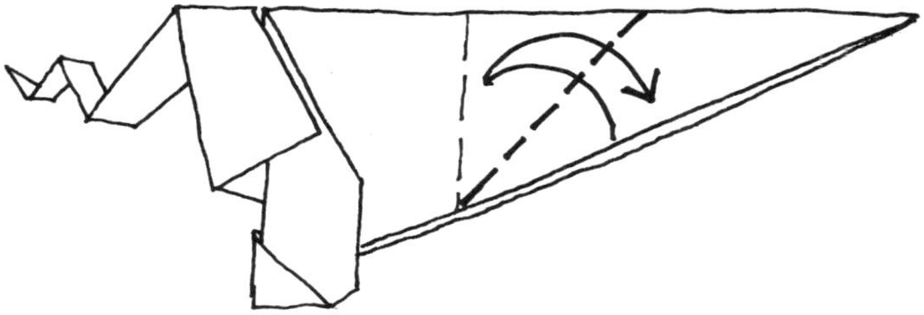

passo 11

Ruotate leggermente il modello in senso antiorario in modo che la schiena sia dritta. Piegate a valle e riaprite lungo la linea tratteggiata.

passo 12

Piegate a valle e riaprite lungo la linea tratteggiata.

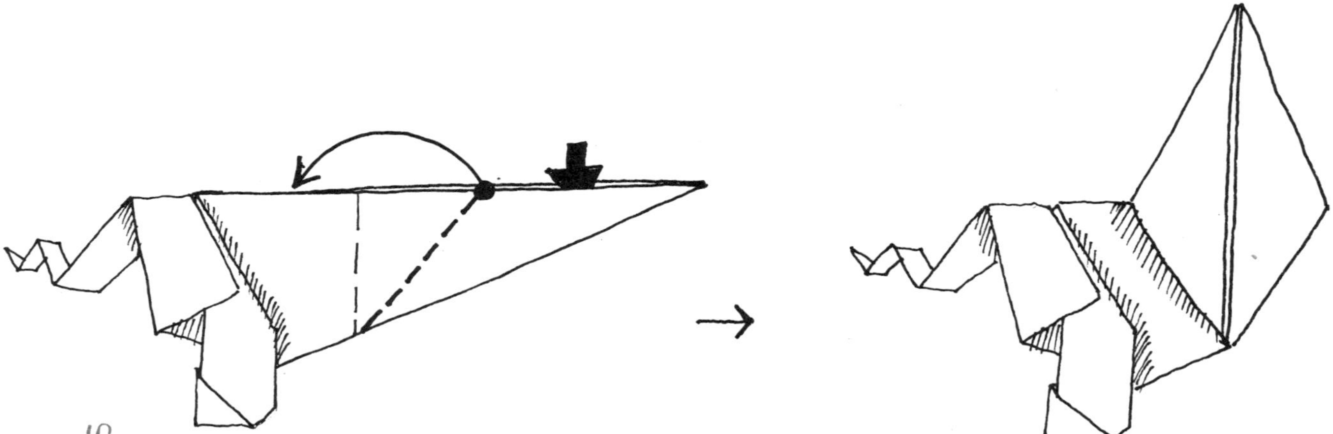

passo 13

Aprite il lato posteriore del modello. Notate la posizione della piega a valle e a monte sul corpo, poi sollevate la parte posteriore dell'elefante, spingete verso il basso e appiattite.

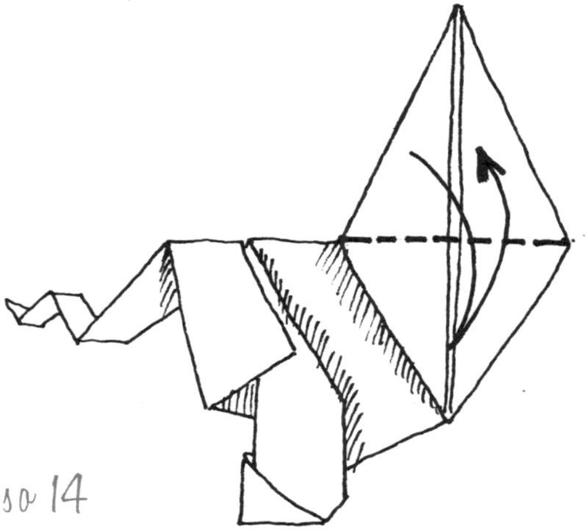

passo 14

Piegate a valle e riaprite lungo la linea tratteggiata.

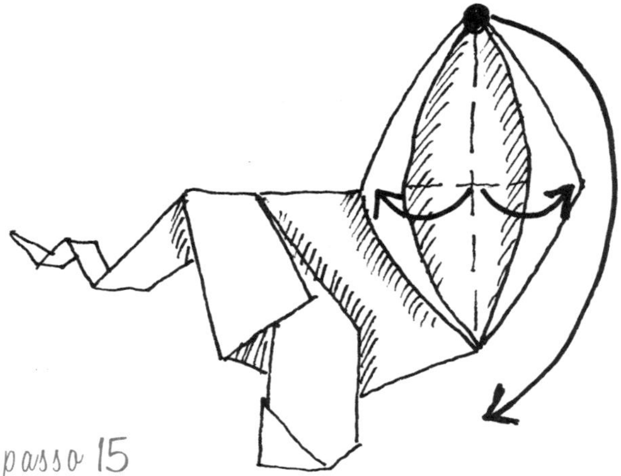

passo 15

Aprite la parte posteriore dell'animale e piegate verso il basso l'estremità superiore.

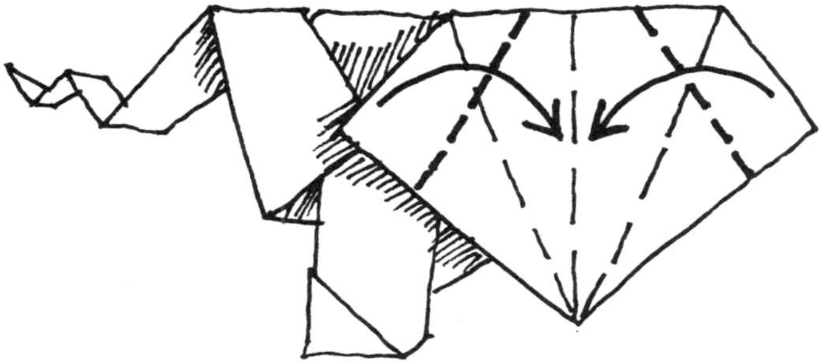

passo 16

Piegate a valle lungo le linee tratteggiate in modo che i bordi si incontrino al centro.

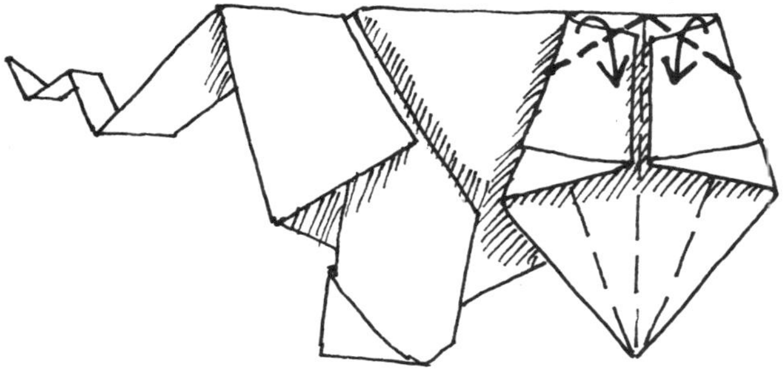

passo 17

Piegate a valle lungo le linee tratteggiate in modo che i bordi si incontrino al centro.

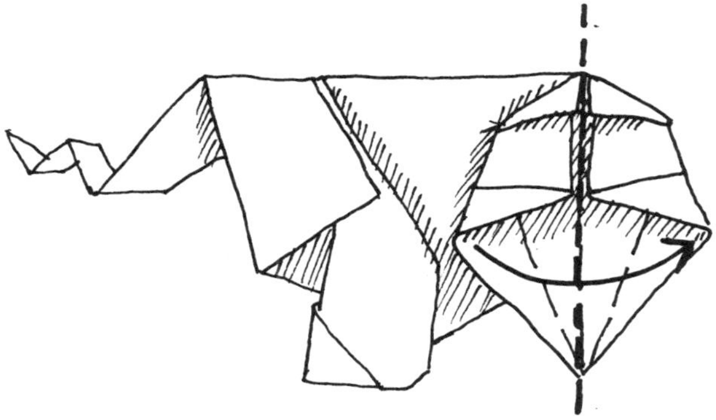

passo 18

Piegate a valle lungo la linea tratteggiata per unire la parte posteriore.

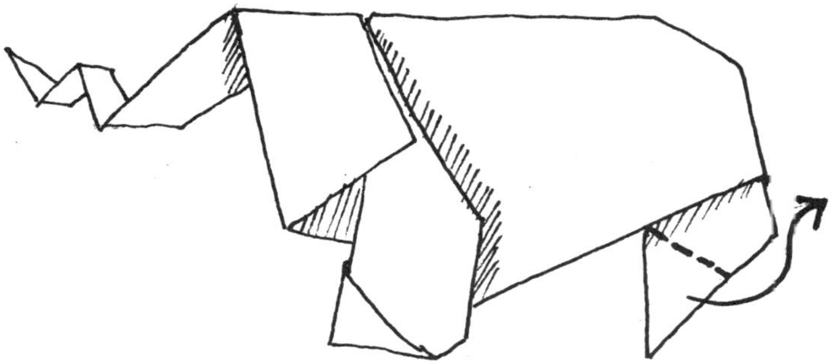

passo 19

Eseguite una contropiega interna lungo la linea tratteggiata per formare la zampa posteriore e una piccola coda.

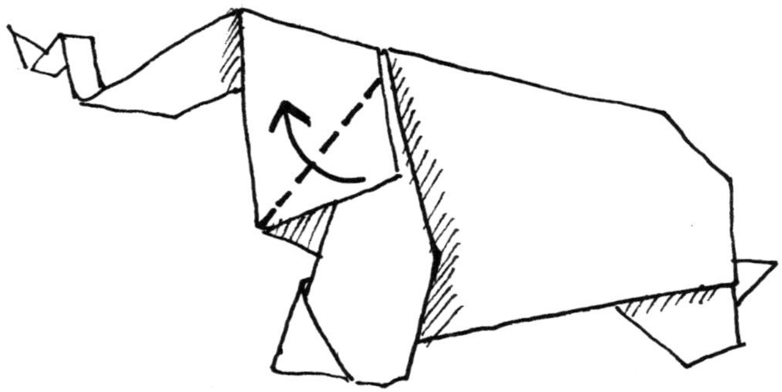

passo 20

Piegate a valle lungo la linea tratteggiata per formare l'orecchio. Ripetete sul lato opposto.

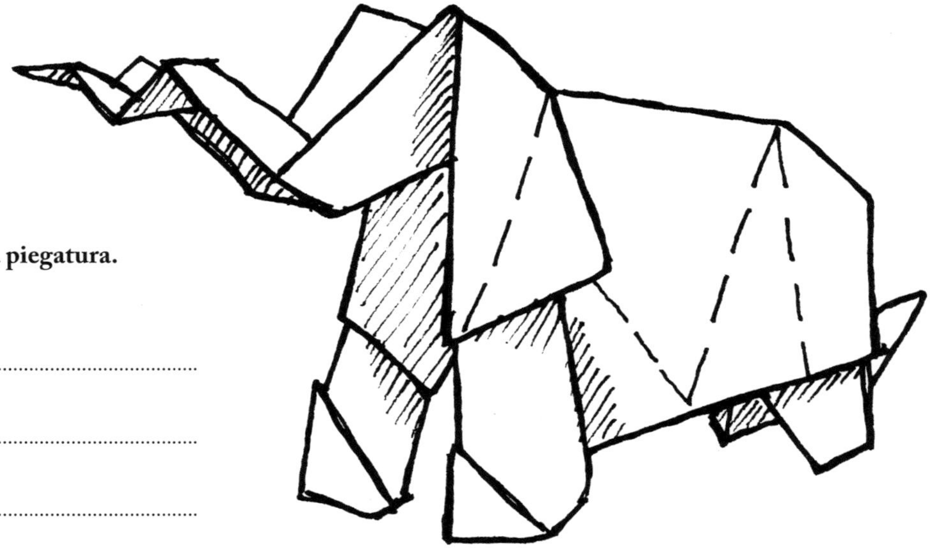

Annotate le vostre riflessioni durante la piegatura.

«Supportare la madre e il padre, amare la moglie e i figli, e dedicarsi a un'occupazione pacifica; è questa la benedizione più grande».
Buddha

scoiattolo 松鼠

C'è una famiglia di scoiattoli che vive nel mio giardino. Ogni mattina li vedo correre avanti e indietro sulla recinzione del giardino, e darsi da fare per trovare cibo. In primavera compaiono i piccoli degli scoiattoli, e io e le mie figlie li vediamo crescere. In autunno li guardiamo con ammirazione sotterrare il loro cibo e prepararsi per i mesi invernali. Vedere gli scoiattoli lavorare insieme per sostenere loro stessi e le loro famiglie è per me fonte di ispirazione.

Mentre il vostro scoiattolo di carta prende forma, riflettete sull'ultima volta che avete tratto soddisfazione dal vostro lavoro, o in cui eravate felici per avere terminato un compito. Ricordate le vostre sensazioni quando avete accettato l'offerta di lavoro, e l'eccitazione per la prospettiva di imparare cose nuove e conoscere nuove persone. C'è un buon equilibrio tra la vostra vita lavorativa e quella privata? Potete fare qualcosa per migliorarlo? Se il vostro lavoro è per voi fonte di ansia e delusione, ripensate ai compiti che in passato vi hanno dato soddisfazione. Come potete fare per ritrovare quella sensazione?

riflessioni

Ho ideato questo modello di scoiattolo per la mia figlia minore, Remy. Quando penso a Remy la vedo reggere la sua bottiglia di latte con entrambe le mani, proprio come uno scoiattolo afferra la sua noce. Quel ricordo mi scalda il cuore e libera la mia mente da ogni pensiero negativo.

Lo scoiattolo è il modello più complesso di questo libro. Dovete aver completato tutti gli altri modelli prima di cercare di realizzare il vostro scoiattolo. Utilizzate carta con un lato bianco e uno colorato, lavorate lentamente, eseguite pieghe nette e controllate attentamente ogni passo.

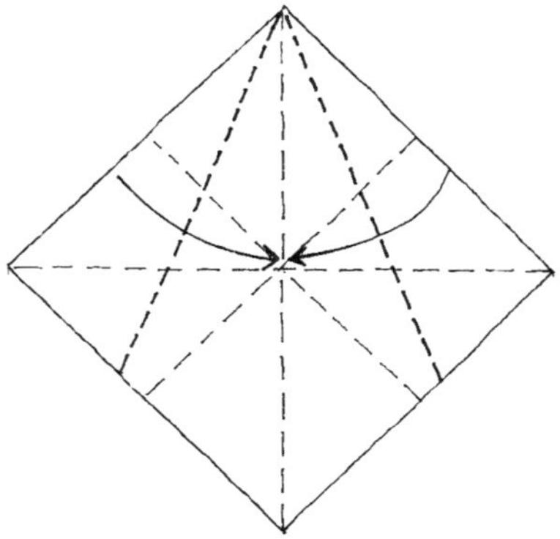

passo 1

Iniziate con una base quadrata aperta (vedi pagina 32), con il lato bianco della carta rivolto verso di voi. Piegate a valle lungo le linee tratteggiate in modo che i bordi si incontrino sulla linea centrale.

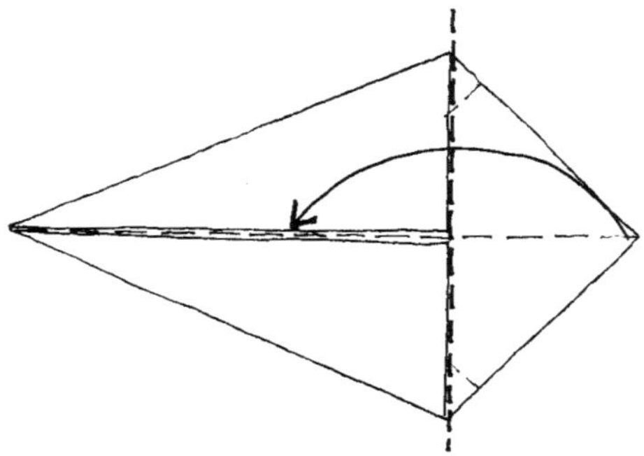

passo 2

Piegate a valle lungo la linea tratteggiata.

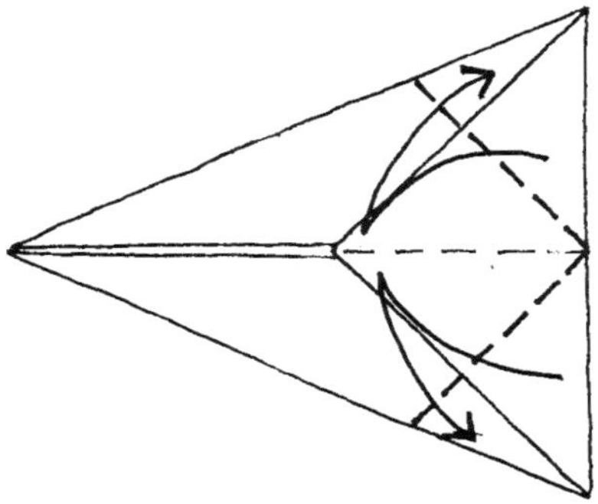

passo 3

Piegate a valle e riaprite lungo le linee tratteggiate (gli angoli si incontreranno al centro). Ora riaprite completamente la carta per ottenere di nuovo la base quadrata aperta del passo 1.

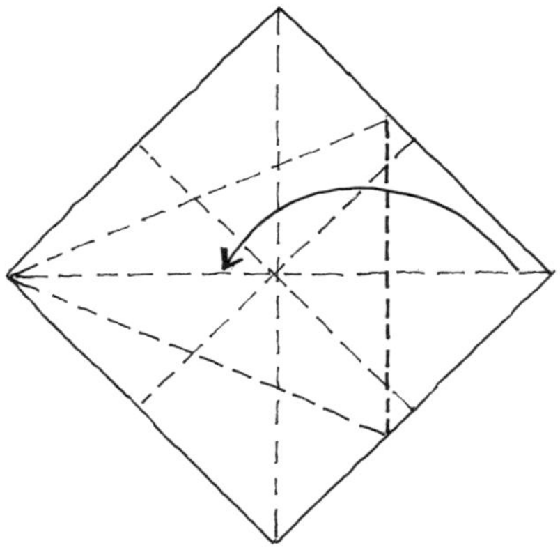

passo 4

Piegate a valle lungo la linea tratteggiata.

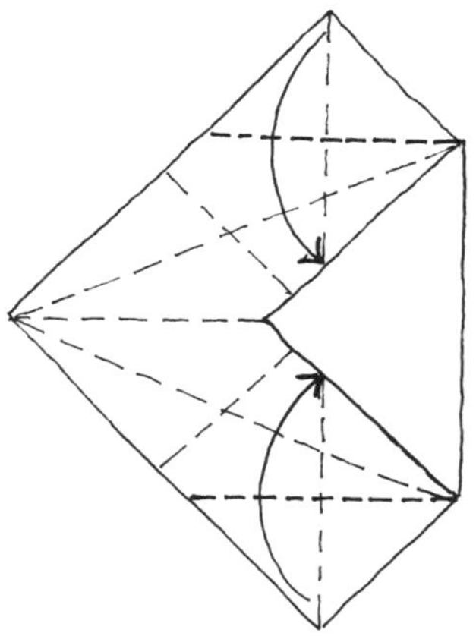

passo 5

Piegate a valle e riaprite lungo le linee tratteggiate, poi piegate di nuovo per ottenere l'aquilone del passo 2.

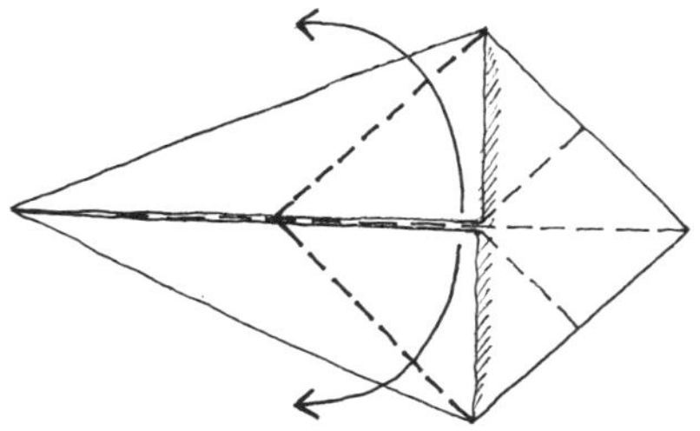

passo 6

Piegate a valle lungo le linee tratteggiate.

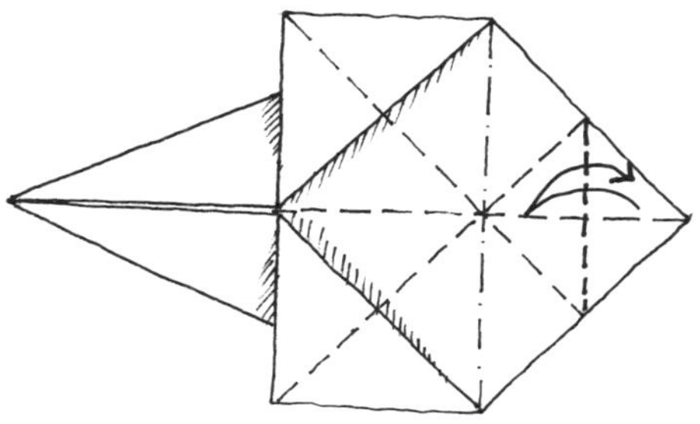

passo 7

Piegate a valle e riaprite lungo la linea tratteggiata.

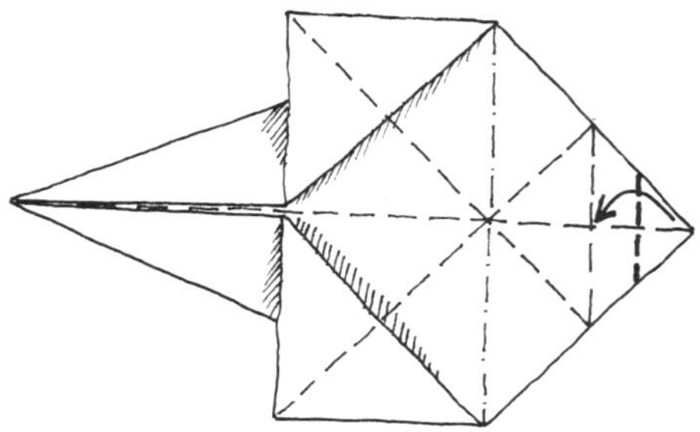

passo 8

Piegate a valle e riaprite lungo la linea tratteggiata.

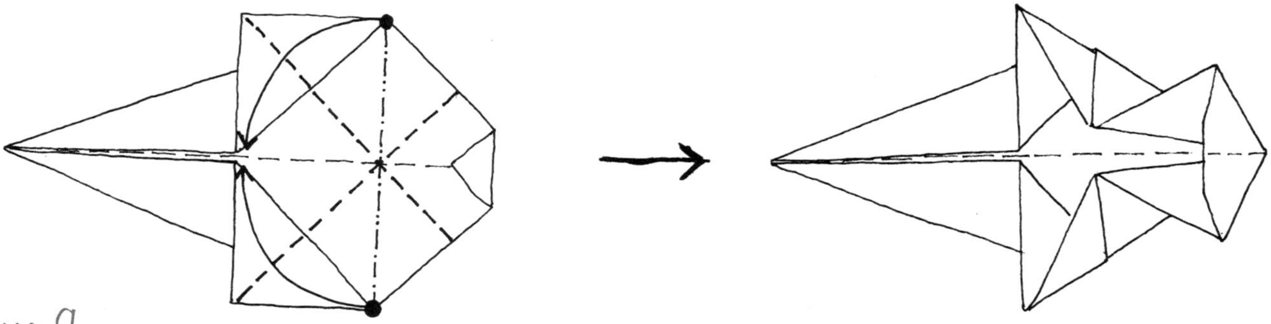

passo 9

Notate le posizioni delle due pieghe a valle diagonali e la piega a monte verticale. Piegando i due punti in modo che si incontrino al centro l'area bianca collasserà come una base triangolare. Ruotate il modello di 90 gradi in senso antiorario.

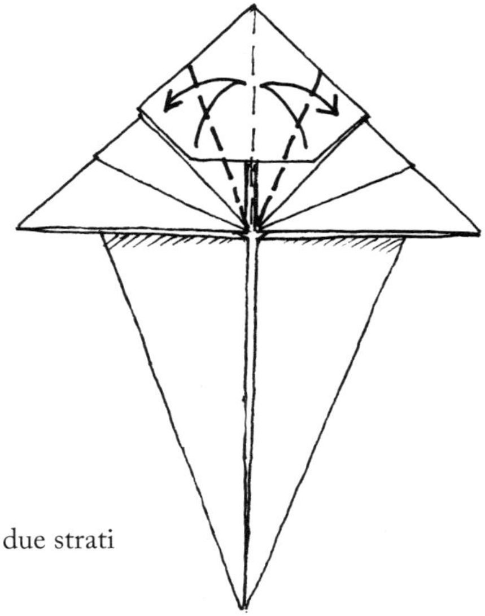

passo 10

Piegate a valle e riaprite solo i due strati superiori.

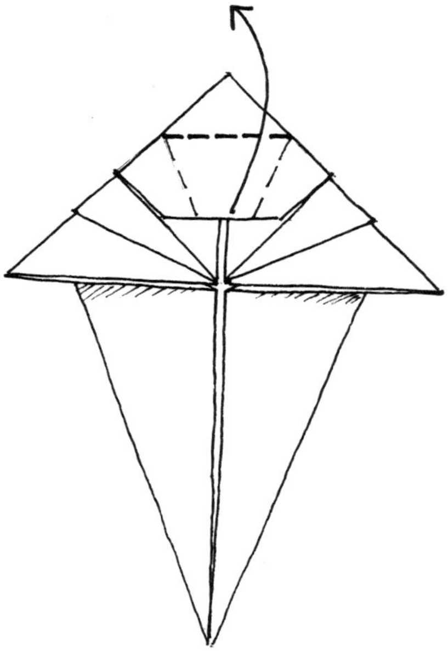

passo 11

Notate la posizione della piega a valle orizzontale e le due pieghe a monte diagonali. Eseguite una piegatura a petalo (vedi pagina 37) lungo le linee tratteggiate.

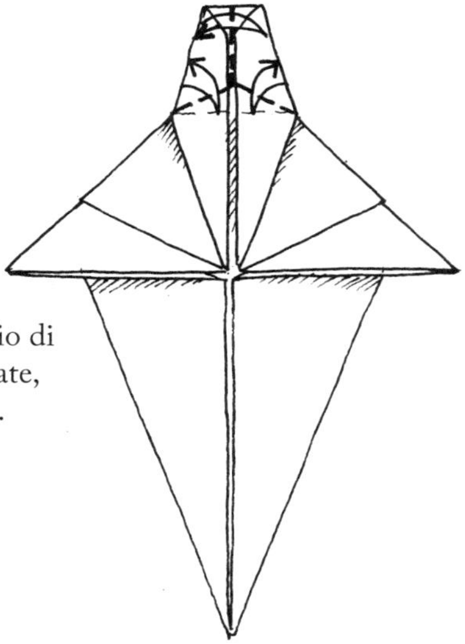

passo 12

Eseguite una piega a orecchio di coniglio sulle linee tratteggiate, poi riaprite (vedi pagina 71).

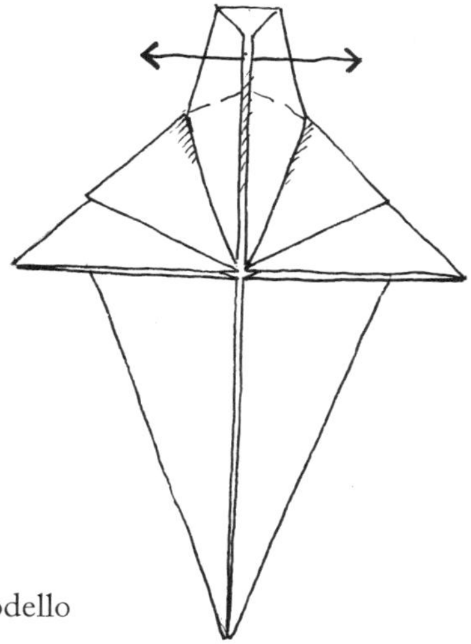

passo 13

Aprite la sezione del modello indicata.

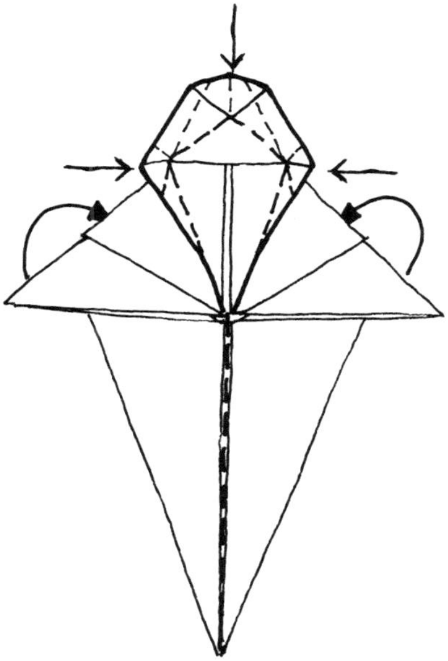

passo 14

I prossimi passi sono i più difficili del libro. Per prima cosa piegate a monte, all'indietro, le sezioni delle braccia e della coda e tenetele insieme con una mano. Ora concentratevi solo sulla sezione della testa.

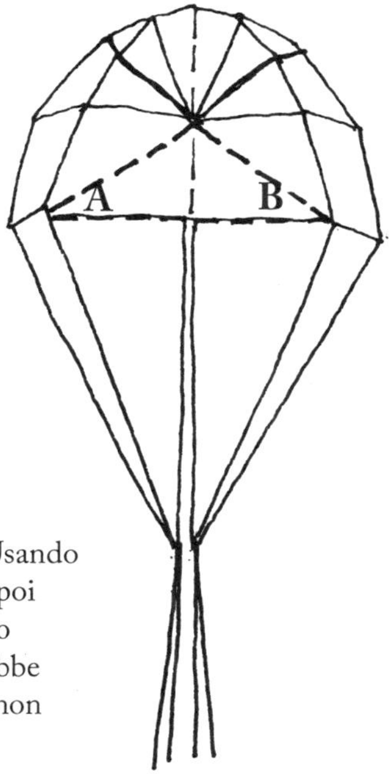

passo 15

Concentratevi sul triangolo evidenziato dalla linea spessa. Usando le dita spingete indietro A e B, poi teneteli uniti tra le dita. Quando lasciate andare il modello potrebbe scattare all'indietro, ma la cosa non rappresenta un problema.

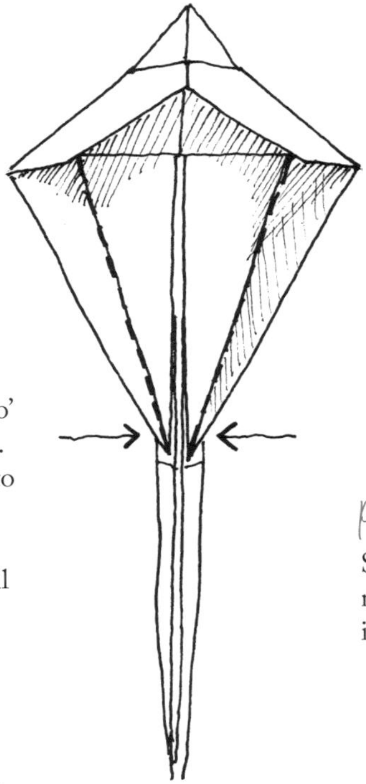

passo 16

La testa dovrebbe assomigliare un po' a quella di un cobra pronto a colpire. Stringete con le dita il punto indicato dalle frecce. Notate le due piegature a valle nella testa; stringendo questo punto i due lati collasseranno verso il basso.

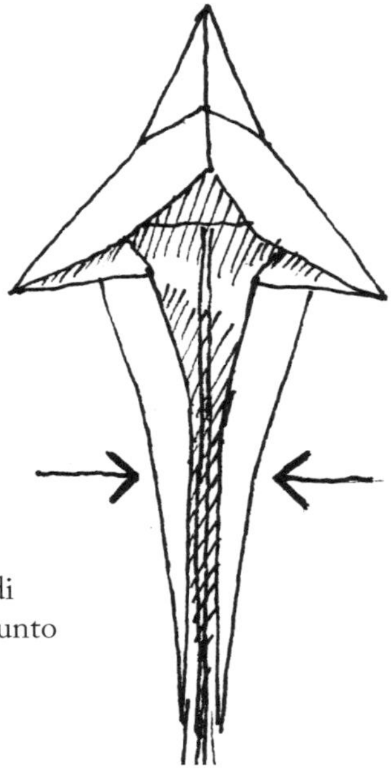

passo 17

Spostate le dita verso l'alto e di nuovo stringete tra le dita il punto indicato dalle frecce.

passo 18

Usate le dita per stringere i lati della testa in modo da appiattirli, poi girate il modello di lato.

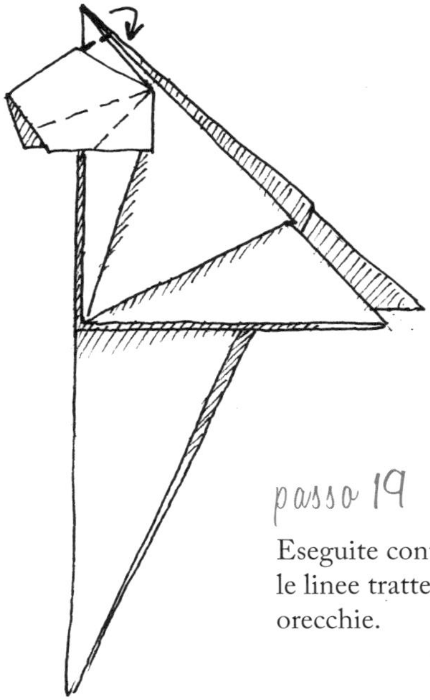

passo 19

Eseguite contropieghe interne lungo le linee tratteggiate per formare le orecchie.

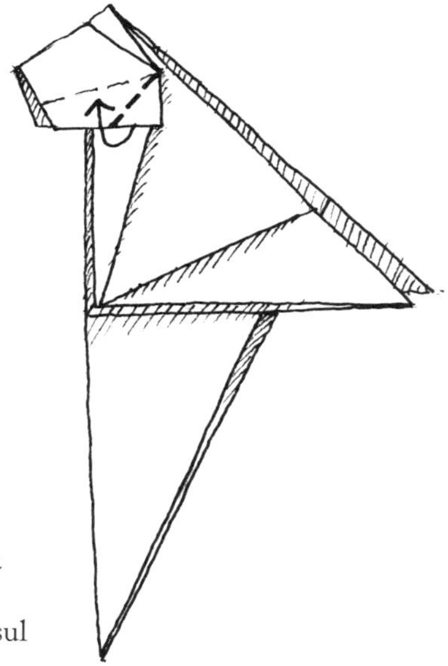

passo 20

Eseguite una contropiega interna lungo la linea tratteggiata, poi ripetete sul lato posteriore.

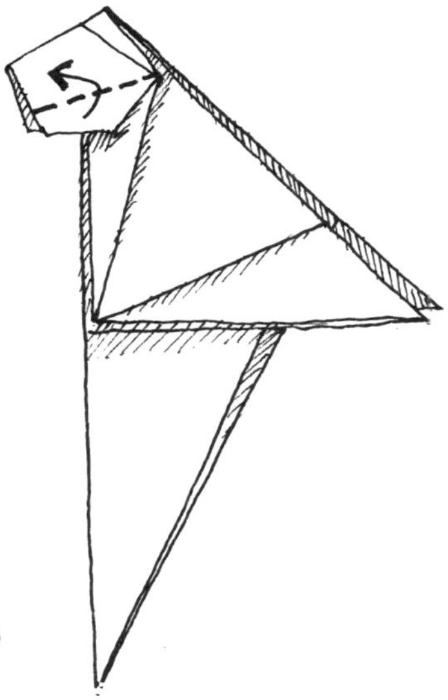

passo 21

Piegate a valle lungo la linea tratteggiata, poi ripetete sul lato posteriore.

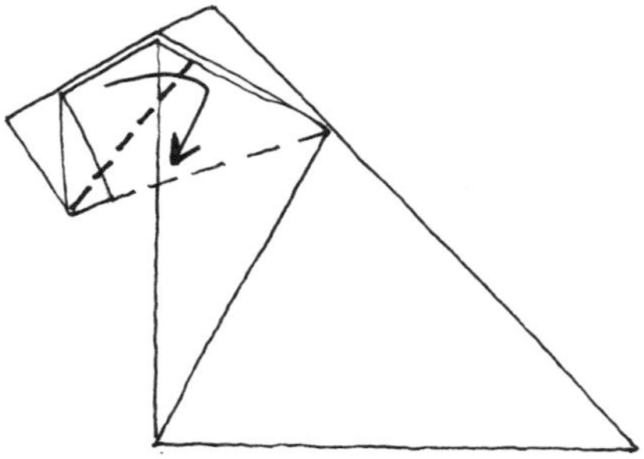

passo 22

Piegate a valle lungo la linea tratteggiata e ripetete sul lato posteriore.

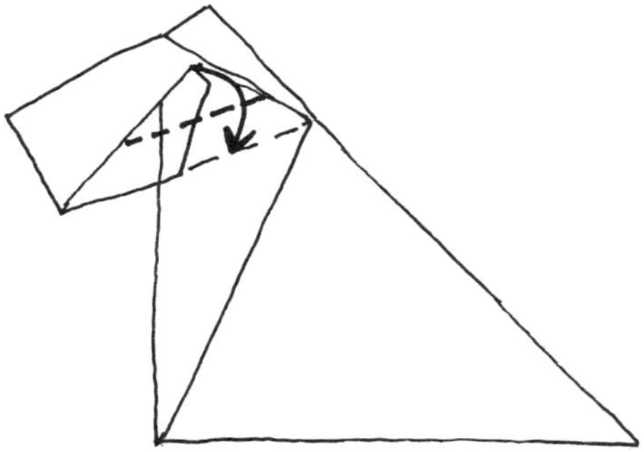

passo 23

Piegate a valle lungo la linea tratteggiata e ripetete sul lato posteriore.

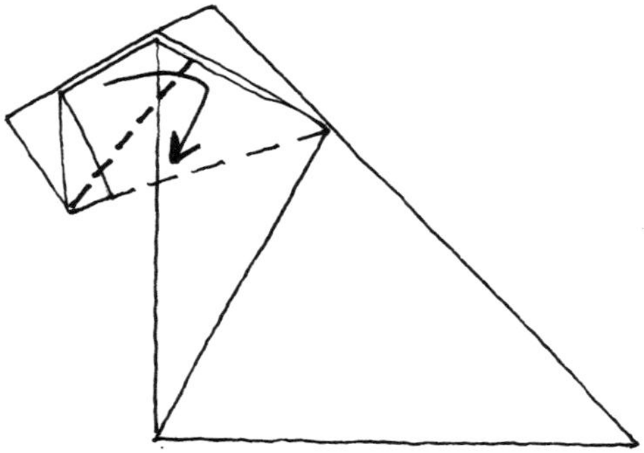

passo 24

Piegate a valle lungo la linea tratteggiata e ripetete sul lato posteriore.

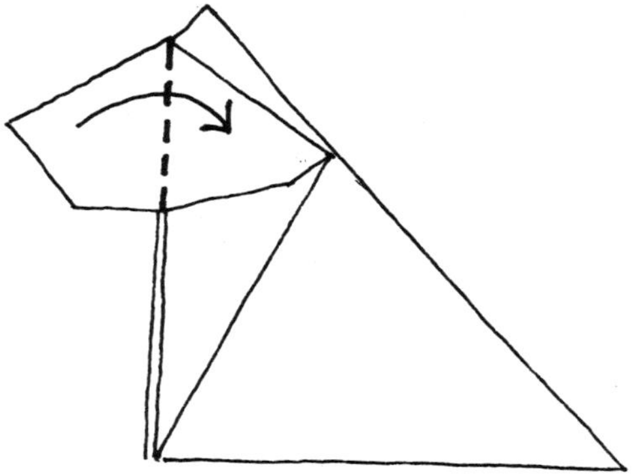

passo 25

Piegate a valle e riaprite lungo la linea tratteggiata.

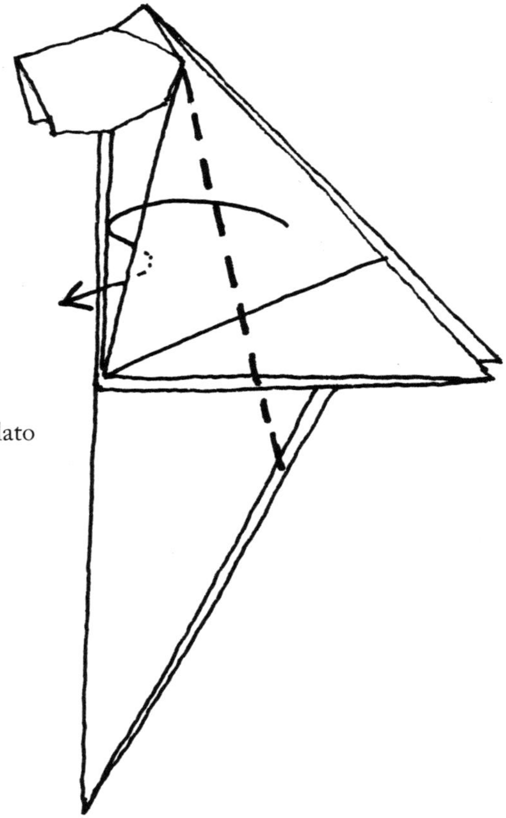

passo 26

Eseguite una contropiega interna lungo la linea tratteggiata e ripetete sul lato posteriore.

passo 27

Piegate a valle e riaprite, poi ripetete sull'altro lato.

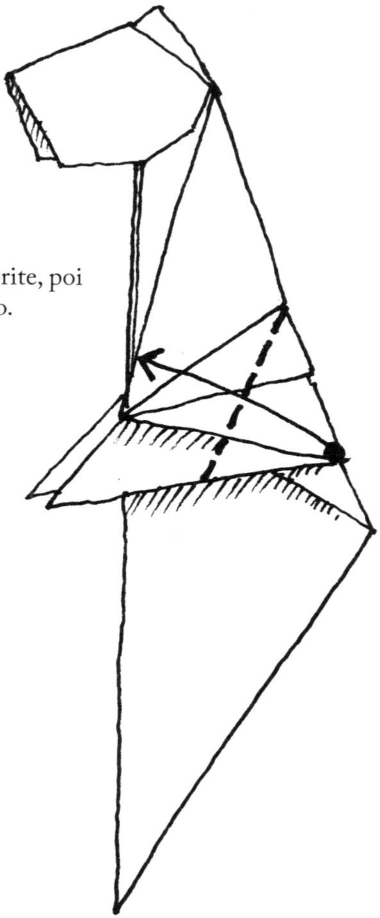

passo 28

Eseguite una contropiega interna sulla linea tratteggiata e ripetete sull'altro lato.

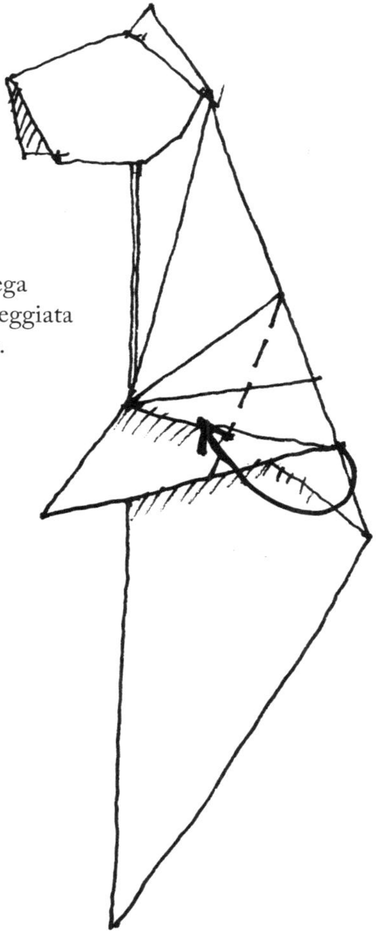

passo 29

Piegate a valle e riaprite lungo la linea tratteggiata coinvolgendo l'intero modello.

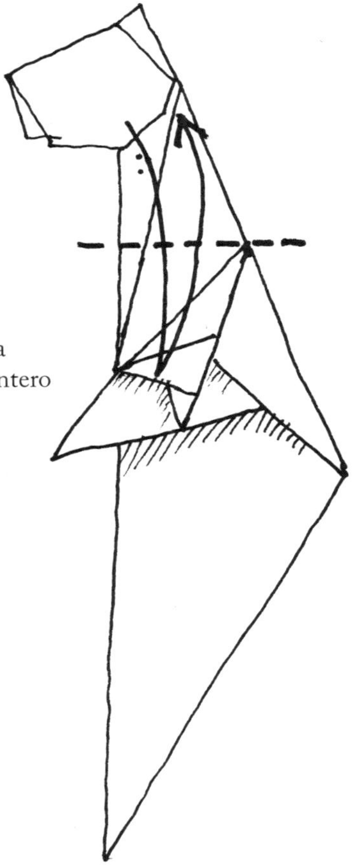

passo 30

Aprite il modello dal punto indicato dalla freccia. Notate la posizione della piega a valle creata nel passo precedente. Iniziate a sollevare la punta dell'angolo (indicata dal punto); dovete sollevare soltanto l'ultimo strato. Sollevate e piegate utilizzando come perno la piega a valle orizzontale. Spostate la punta in modo che si trovi sotto il mento dello scoiattolo. Ripetete sull'altro lato.

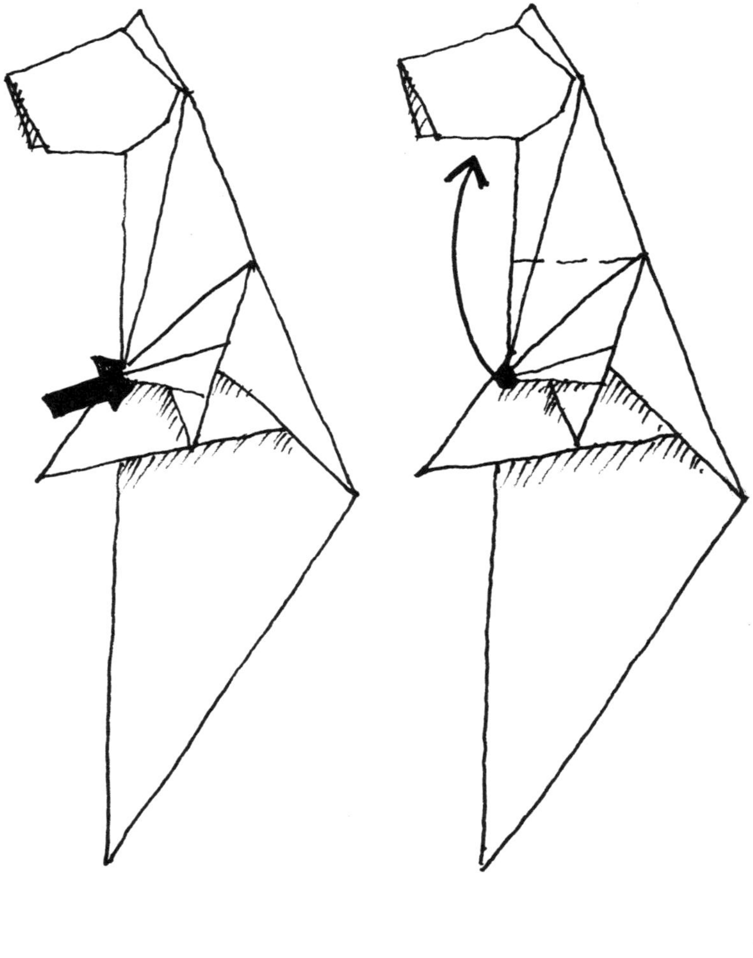

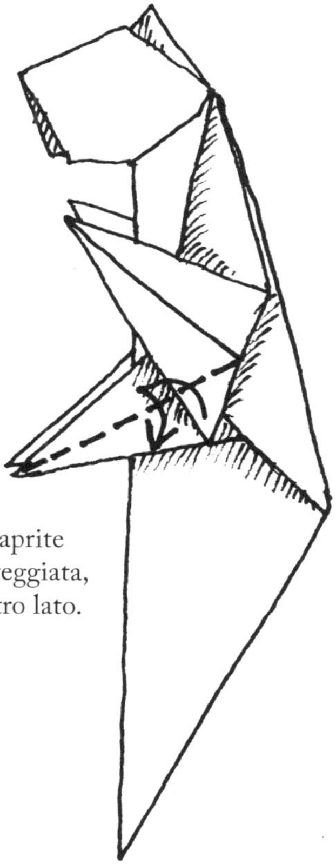

passo 31

Piegate a valle e riaprite lungo la linea tratteggiata, poi ripetete sull'altro lato.

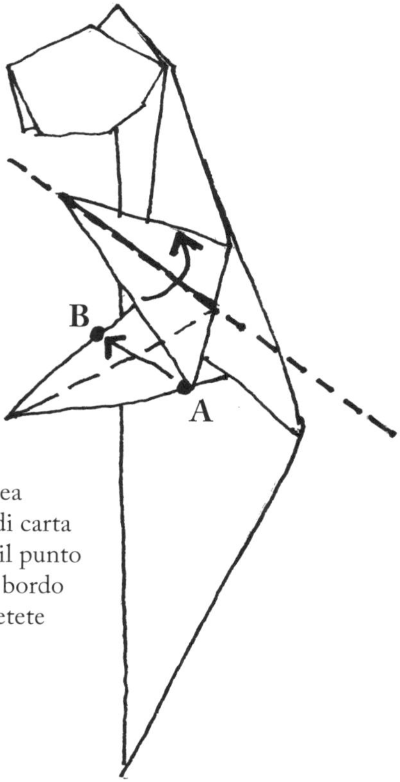

passo 32

Piegate a valle, lungo la linea tratteggiata, solo lo strato di carta più superficiale. Piegando, il punto A ruoterà per incontrare il bordo del piede nel punto B. Ripetete sull'altro lato.

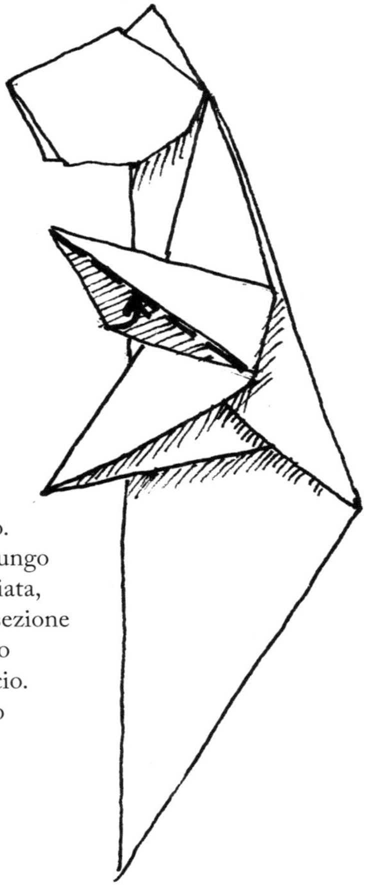

passo 33

Aprite il braccio. Piegate a valle lungo la linea tratteggiata, poi spingete la sezione evidenziata sotto e dentro il braccio. Ripetete sul lato posteriore.

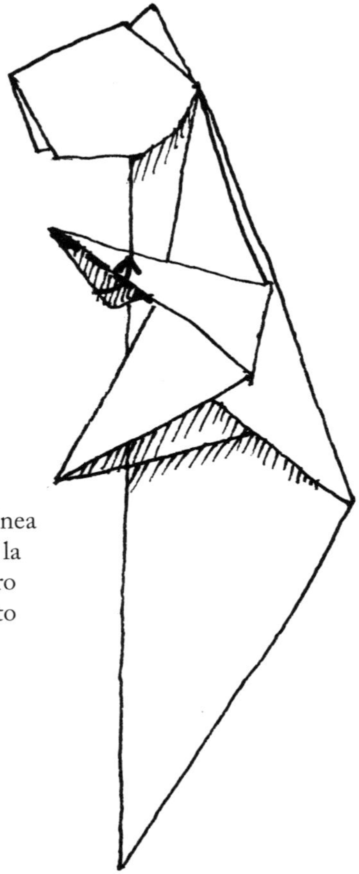

passo 34

Piegate a valle lungo la linea tratteggiata e poi infilate la sezione evidenziata dentro il braccio. Ripetete sul lato posteriore.

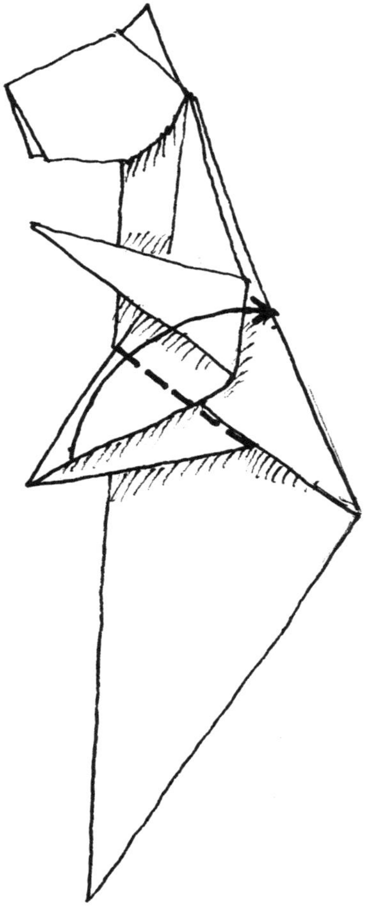

passo 35

Piegate a valle lungo la linea tratteggiata. Ripetete sul lato posteriore.

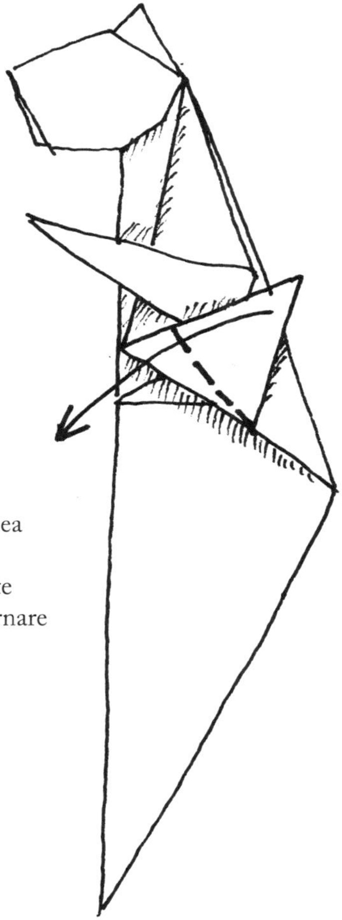

passo 36

Piegate a valle lungo la linea tratteggiata. Ripetete sul lato posteriore. Ora riaprite entrambe le gambe per tornare al passo 34.

passo 37

Eseguite una pieghettatura (vedi pagina 28) sulle linee tratteggiate per formare il piede, e ripetete sul lato posteriore. Notate la posizione della piegatura a valle e della piegatura a monte. La pieghettatura si realizza con due contropieghe interne, di cui una si piega nell'altra. Create la prima contropiega interna sulla piega a valle in modo che la zampa si infili nel corpo. Poi create una seconda contropiega interna sulla piega a monte in modo che la zampa punti verso l'esterno.

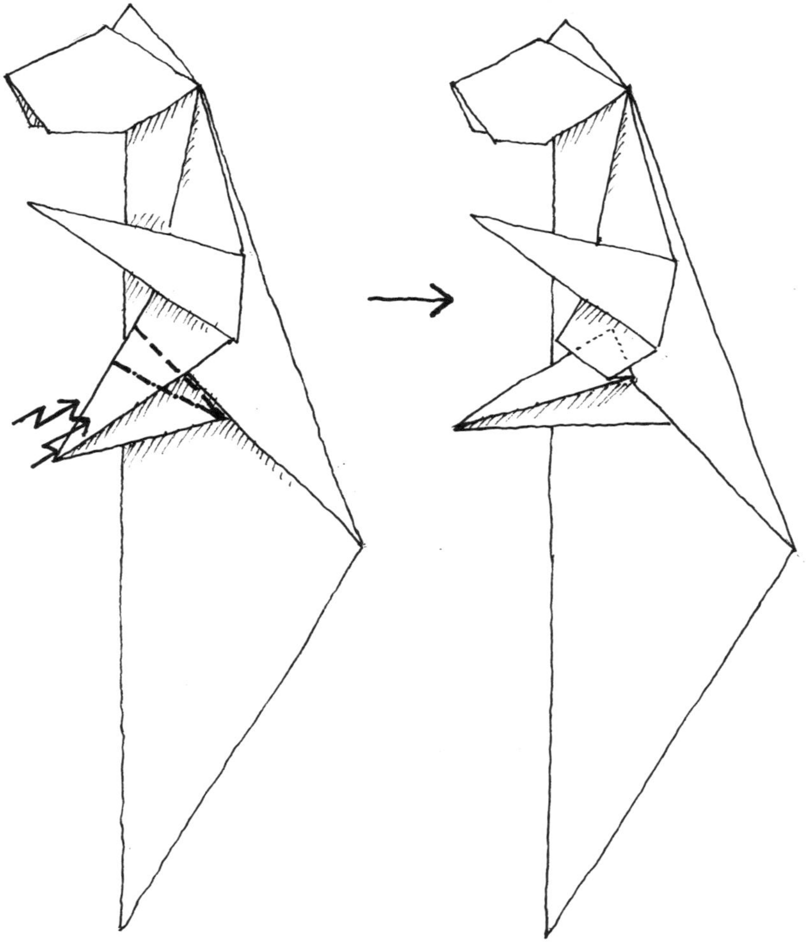

passo 38

Per creare la coda, aprite la parte posteriore del modello. Tirate la coda all'indietro e verso l'alto; questo risulterà in una contropiega interna lungo la linea tratteggiata.

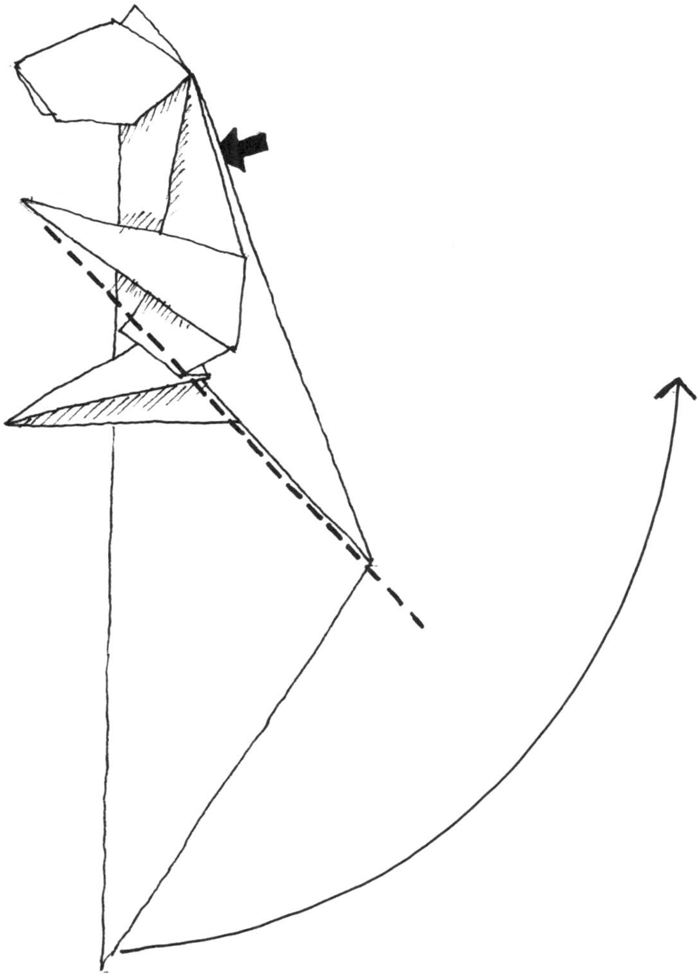

passo 39

Piegate a valle lungo la linea tratteggiata e ripetete sul lato posteriore.

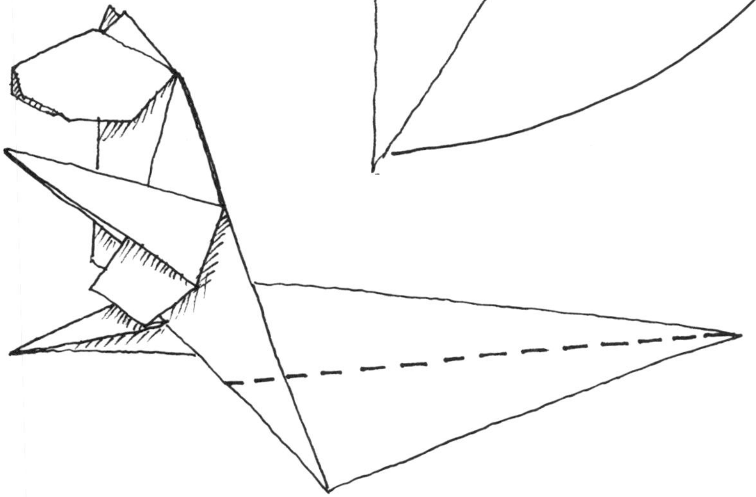

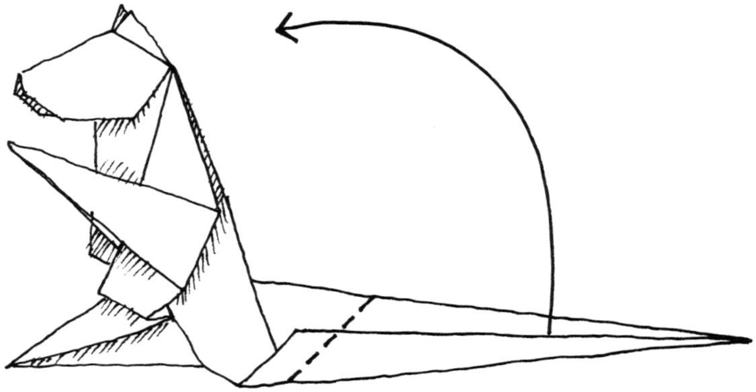

passo 40

Eseguite una contropiega esterna lungo la linea tratteggiata.

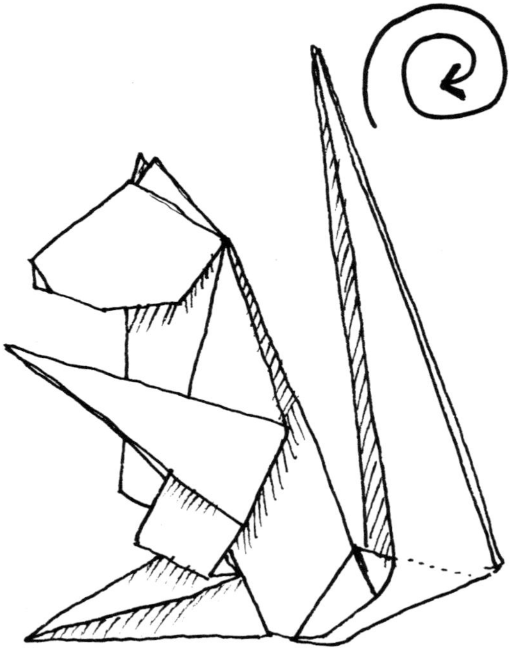

passo 41

Per terminare lo scoiattolo, spingete leggermente sul naso e la testa si arrotonderà. Arricciate la coda utilizzando le dita o una penna.

«Conoscere gli altri è intelligenza; conoscere se stessi è vera saggezza. Dominare gli altri è forza; dominare se stessi è vero potere».

Lao Tzu

sé 自我

Siete arrivati al capitolo finale di questo libro. Grazie per avere letto le storie, creato i modelli e meditato sui temi a essi associati. Spero che abbiate sperimentato la calma e gli effetti terapeutici dell'origami. Il modello finale siete voi. Il tema sarete voi, e il modello che creerete vi simboleggerà.

Ci sono due modi per avvicinarsi a questo lavoro finale. Il primo è questo: meditate su di voi. Meditate su chi siete e su che tipo di persona vorreste essere. Quale animale od oggetto credete rappresenti meglio i vostri valori? Questo diventerà il vostro modello, e poi il vostro totem.

Il vostro modello può essere qualsiasi cosa: un uccello, un animale, un fiore, un veicolo o un oggetto con cui sentite un'affinità. Una volta che avete scelto il totem cercate di trovare un diagramma di origami che vi permetta di realizzarlo. Se non riuscite a trovare un modello esistente provate a crearne uno voi.

Il secondo approccio, quello che io consiglio, è quello di iniziare a piegare senza che abbiate una forma particolare in mente, e vedere ciò che ne risulta. Quando finite di piegare, il vostro modello potrebbe assomigliare vagamente a qualcosa; in questo caso continuate e cercate di capire se potete farlo assomigliare di più alla forma che vi ricorda. Credo che sia attraverso questo secondo metodo che, tradizionalmente, la maggior parte dei modelli di origami abbia visto la luce. Se scegliete questo metodo vi cimenterete davvero nel processo creativo.

riflessioni

Quale modello ho scelto per me? Io ho scelto una gru origami. Mi piace l'idea di essere un pezzo di carta bianca trasformato in un oggetto tridimensionale attraverso i miei stessi sforzi. E con questo, vi auguro il meglio per il vostro viaggio nel mondo dell'origami.

letture aggiuntive

Qui di seguito ho riportato un elenco di siti Internet che spero vi saranno utili, e in cui troverete maggiori informazioni sull'origami e sulla mindfulness. Se avete domande o commenti potete trovarmi su tutti i social media (@mindFOLDness #mindFOLDness).

generali

www.mindfulorigami.com
Il mio sito Internet per questo libro, dove potete scaricare schemi di piegatura e trovare maggiori informazioni a proposito dell'opera. (@mindFOLDness #mindFOLDness)

www.mindfoldness.com
Il sito sviluppa i concetti dietro all'idea di mindFOLDness, e vi permette di discutere e condividere i vostri modelli, schemi di piegatura colorati e meditazioni. (@mindFOLDness #mindFOLDness)

origami

British origami society: **www.britishorigami.info**
Questo è un utile punto di partenza per ampliare le proprie conoscenze sull'origami.

Origami USA: **www.origamiusa.org**
Un sito americano contenente diagrammi e informazioni.

Lang origami: **www.langorigami.com**
Il sito del dottor Robert Lang, che ha studiato origami per oltre 40 anni ed è ora riconosciuto come uno dei maestri di quest'arte. Qui potete trovare esempi impressionanti di modelli di origami avanzati, e spiegazioni sull'uso dell'origami nella scienza e nella medicina.

mindfulness

www.mindful.org
Un sito il cui scopo è quello di informare, ispirare, guidare e mettere in contatto tutti quelli che vogliono vivere una «vita mindful», e creare una società più cosciente e umana.

bemindful.co.uk
La guida della Mental Health Foundation su come la mindfulness possa aiutarci a condurre una vita più sana e felice.

www.nhs.uk/conditions/stress-anxiety-depression/pages/mindfulness.aspx
La pagina sulla mindfulness del sistema sanitario nazionale del Regno Unito.

www.headspace.com
Una nota applicazione per la mindfulness, per smartphone e tablet.

Questo libro è dedicato alle due persone più divertenti che conosco: Cammy e Remy. È per quando sarete grandi abbastanza per leggere e creare origami. Se vi troverete mai bloccate, senza sapere cosa fare, io ci sarò sempre. Vi voglio bene. Papà.

L'origami fu per me un futile passatempo, fino a quando la mia fantastica moglie, Carmen, mi disse: «Dovresti tenere qualche workshop». Quel consiglio diede avvio alla mia carriera di origamista, e mi catapultò in una serie di interessanti avventure. Pensavo che organizzare il record del mondo per la più grande esibizione di elefanti creati con l'origami fosse il punto più importante della mia carriera, ma mi sbagliavo: il punto più alto è questo libro. Il libro è una conseguenza diretta dell'amore e dell'incoraggiamento della persona più incredibile che conosco. Ti amo, Carmen.

Grazie ai miei genitori, Yun Kwai Tsang e Ka Tsun Tsang, per tutto. Grazie per l'amore, la saggezza e la conoscenza che mi avete dato, e per esserci sempre stati. E un grazie speciale a mio padre per le calligrafie cinesi. Grazie alle mie sorelle Susan e Sandra per il loro supporto e incoraggiamento.

Vorrei ringraziare la mia buona amica Kat Osman (direttrice di Lick PR), che è stata la mia prima cliente di origami: comprò 20 ottaedri stellati per il lancio del videogioco Fear Effect II, nel 2001.

Grazie a Mily Quan e Pui Fong Leung per avermi aiutato a testare i miei modelli di origami, e a Toshiko Kurata per avermi aiutato durante i miei workshop.

Grazie a Elise Wong ed Ellen Wong per essere le mie consulenti per la mindfulness; a Jo Nhan per le consulenze yoga, e a Vee Charununsiri per la sua profonda conoscenza degli elefanti indiani e africani.

Grazie a tutti i miei amici che hanno scelto di starmi a fianco negli anni, e per le discussioni della sera tardi sulla vita, l'amore, il cibo, l'esistenza, la scienza, la religione, lo champagne, i denti di Goldie, le scarpe di Louboutin e i cioccolatini.

Grazie al mio editore, Liz Gough, per avermi trovato e dato la fantastica opportunità di realizzare questo mio grande desiderio. E un ringraziamento speciale all'incredibile squadra che ha lavorato sul mio libro, producendo un risultato di così alto livello in un periodo tanto breve: Imogen Fortes, la mia editor, per aver dato calore e grazia alle mie parole; Lucy Gowans, per aver reso questo libro bellissimo, e Richard Neal per le sue illustrazioni ugualmente belle. Vorrei infine ringraziare tutto lo staff di Yellow Kite che ha contribuito a creare, supportare e promuovere questo libro.

First published in Great Britain in 2016 by Yellow Kite
An imprint of Hodder & Stoughton
An Hachette UK company

Via Milano 73/75 - 20010 Cornaredo (MI)
Tel. 02 99762433 - Fax 02 99762445
www.armenia.it
info@armenia.it

Stampato da Grafica Veneta S.p.A.

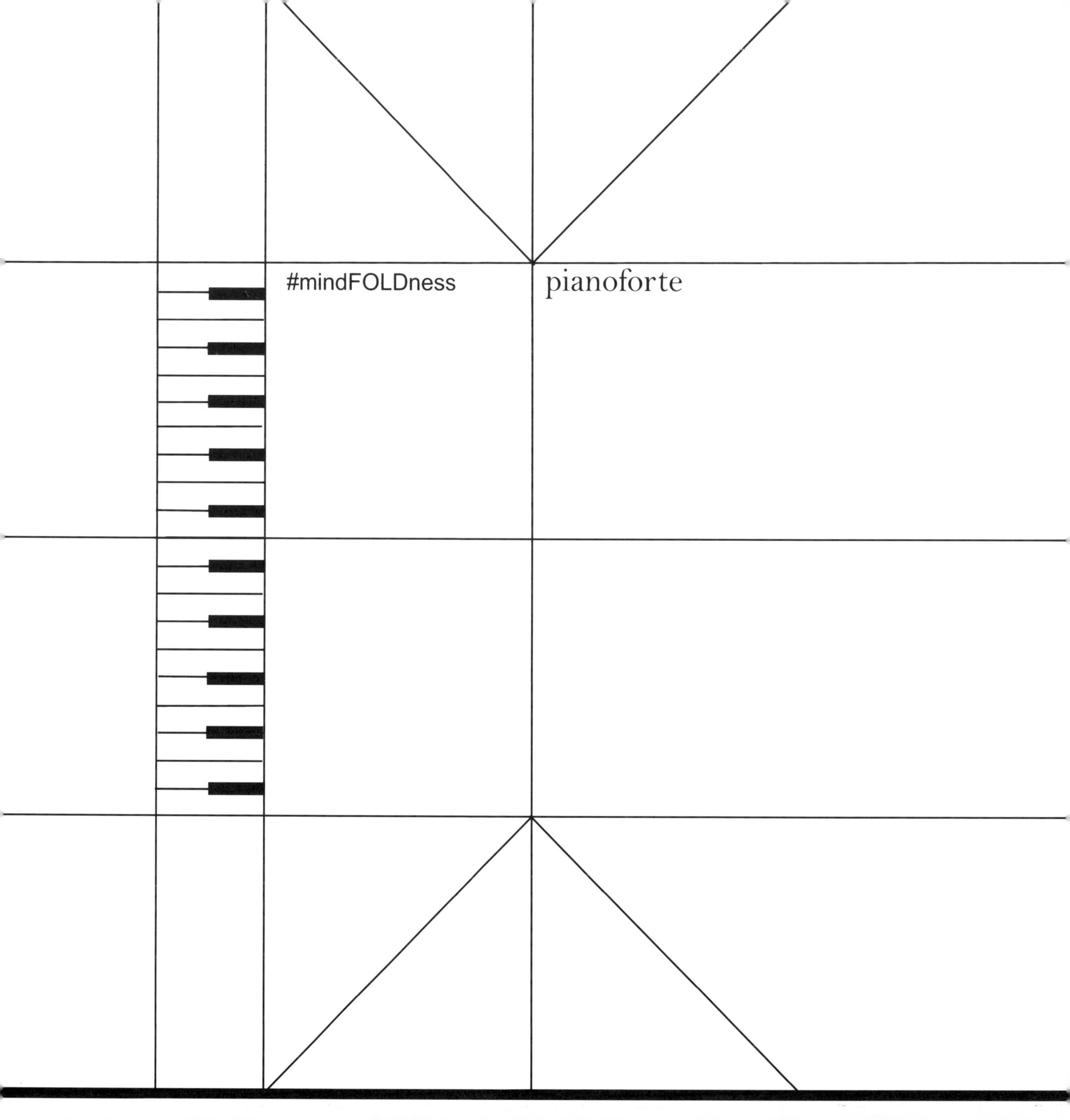
#mindFOLDness
pianoforte

鋼琴

pianoforte

indovino
#mindFOLDness

東南西北

indovino

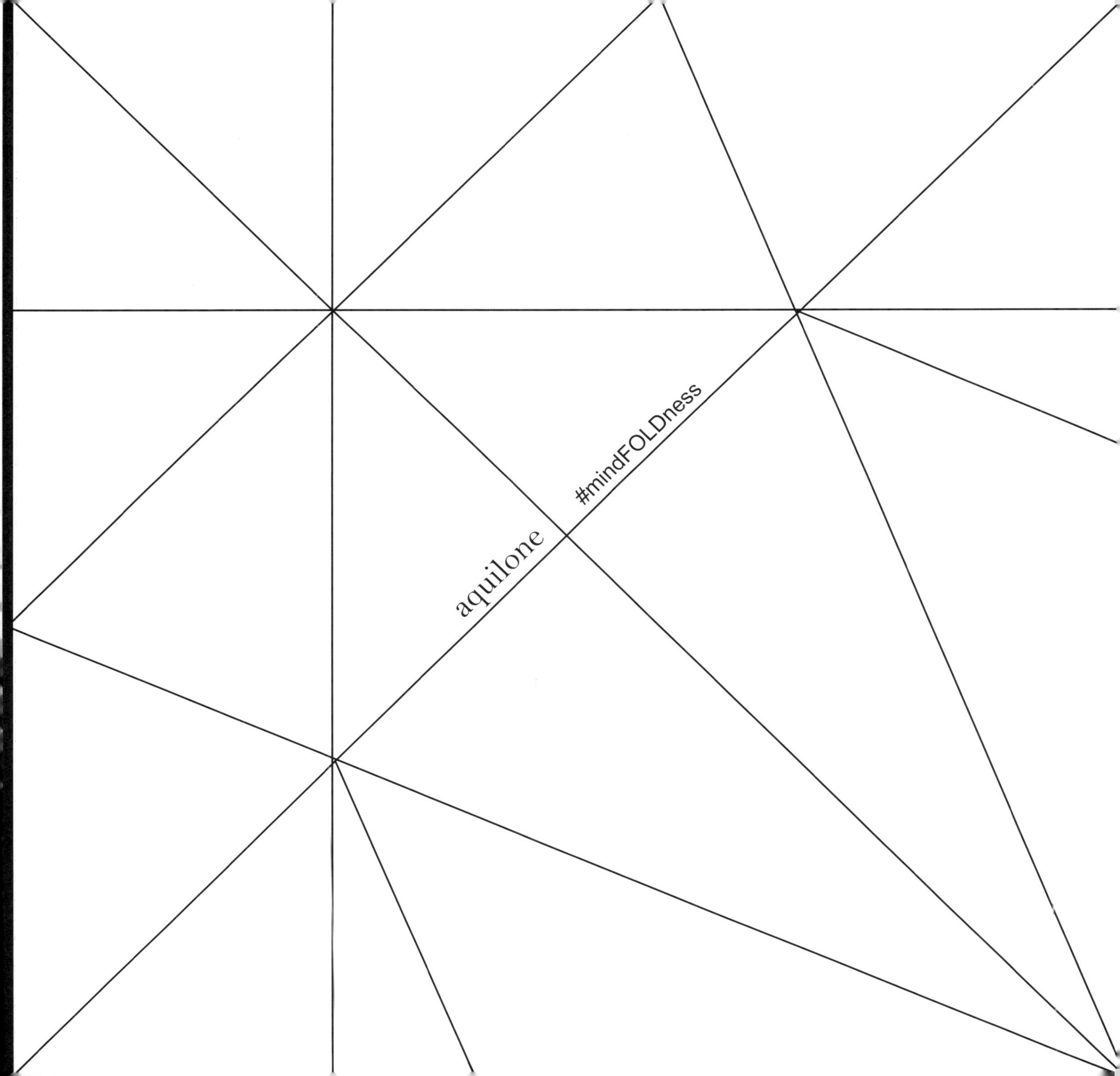
aquilone
#mindFOLDness

aquilone

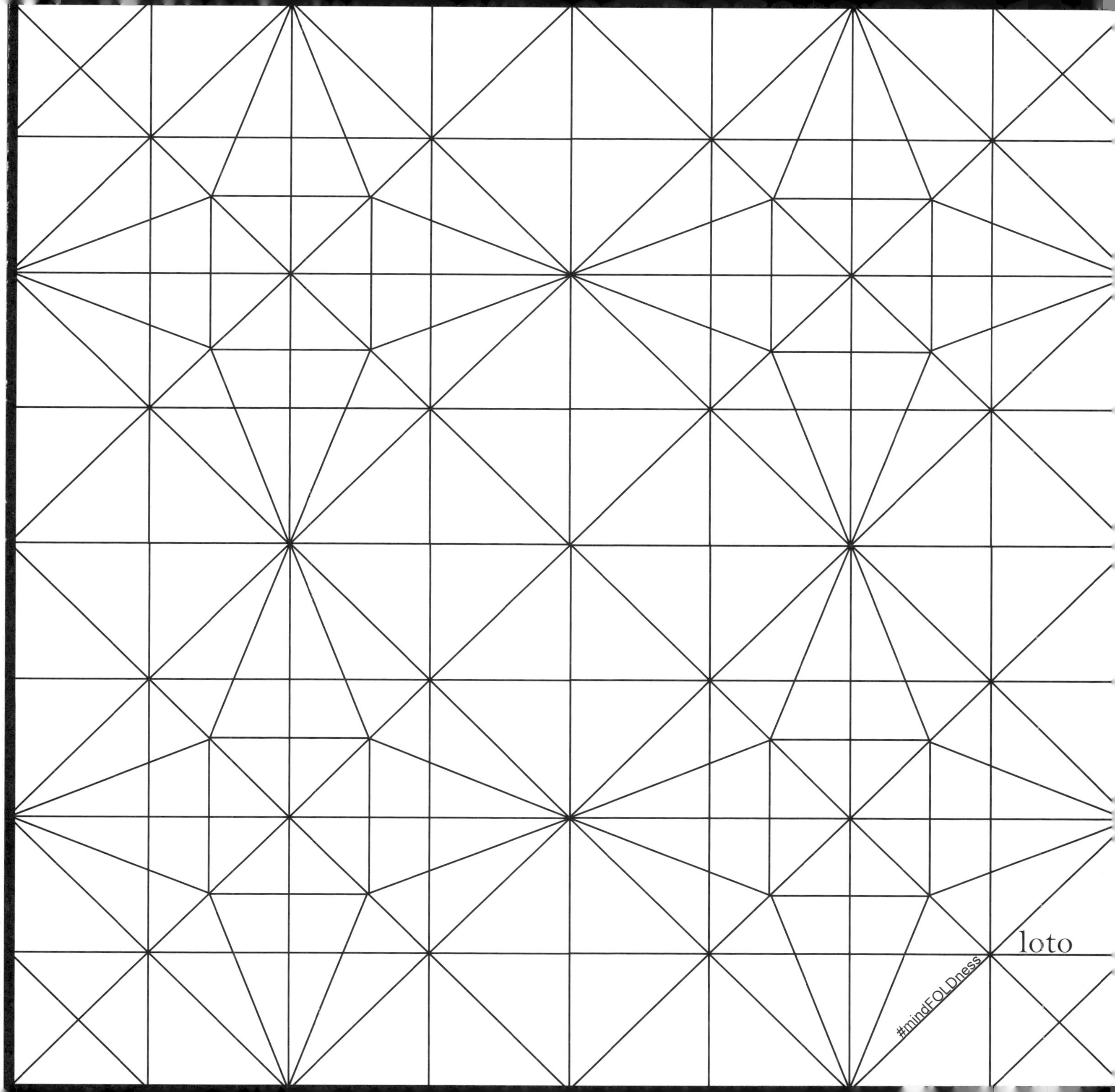
loto
#mindFOLDness

花蓮

loto

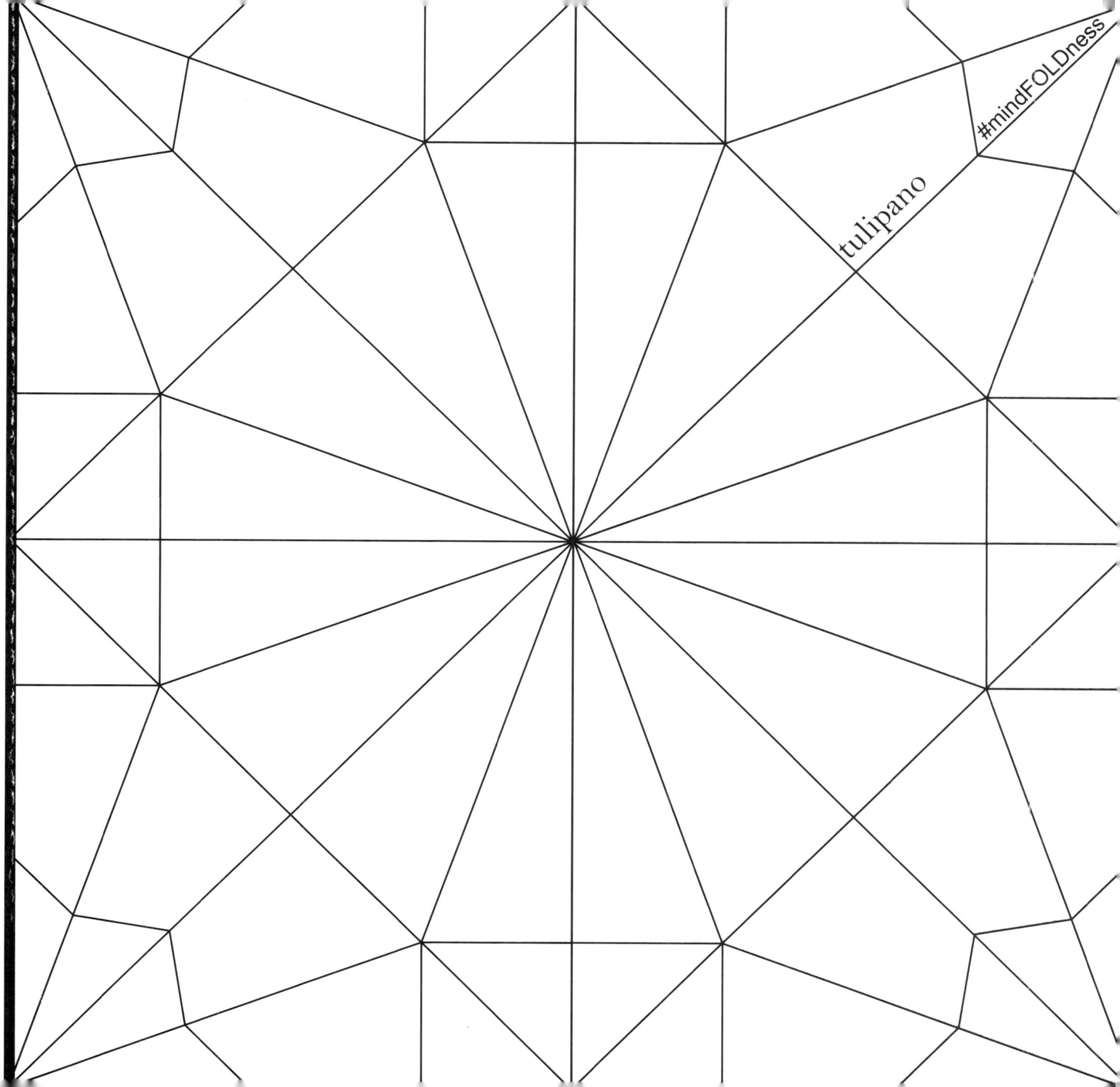
tulipano
#mindFOLDness

tulipano

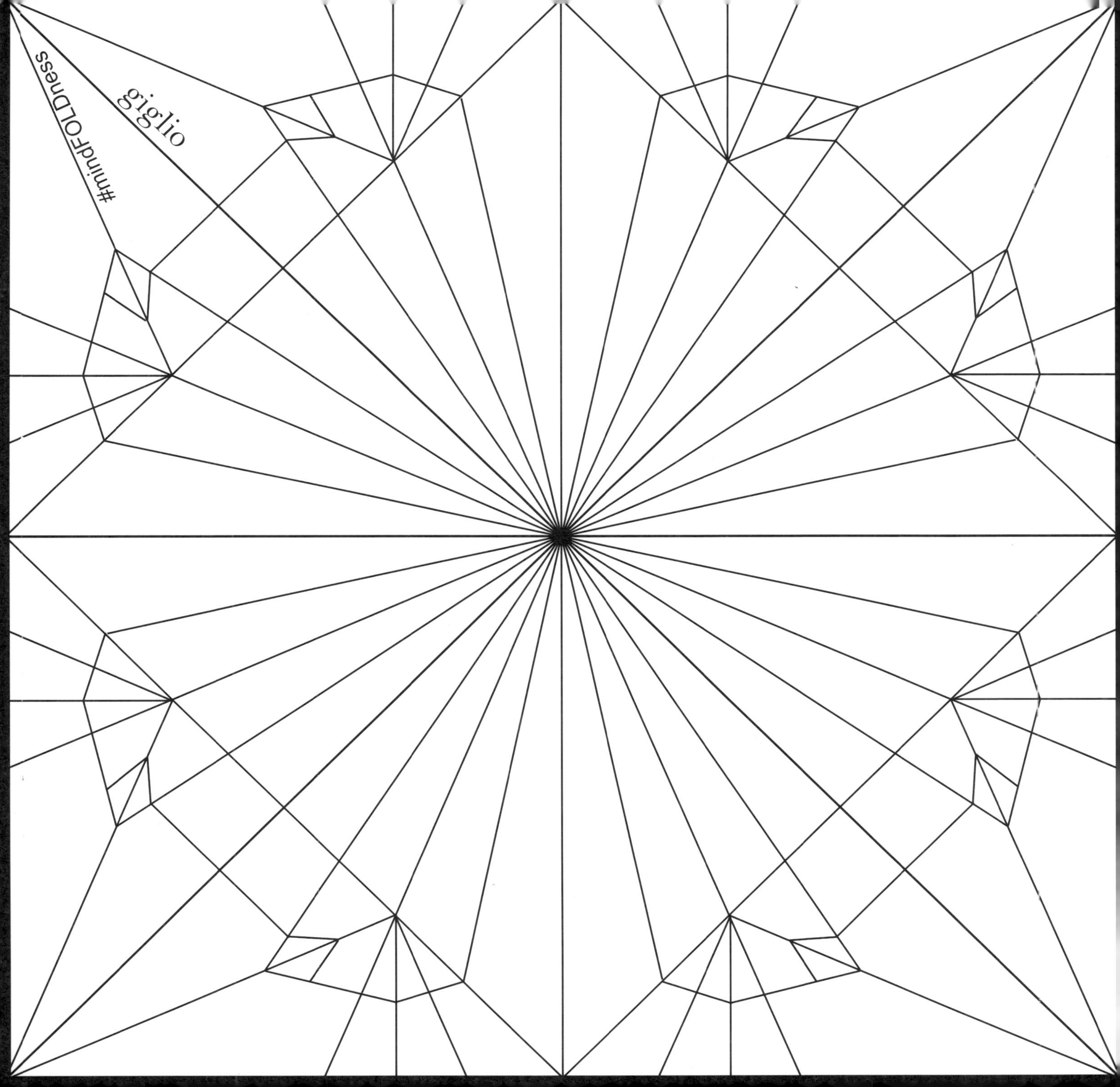
#mindFOLDness
giglio

百合花

giglio

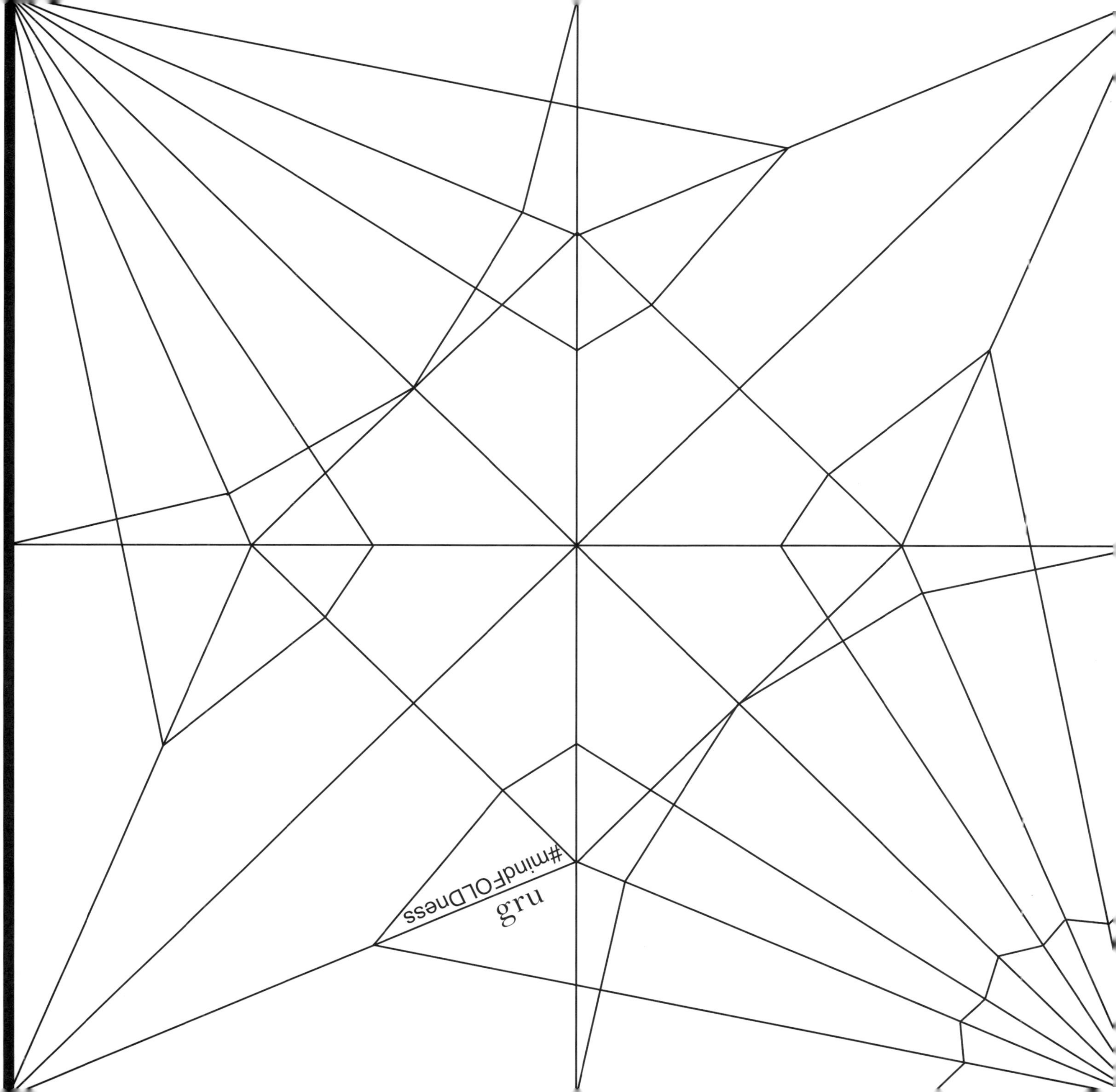
#mindFOLDness
gru

gru

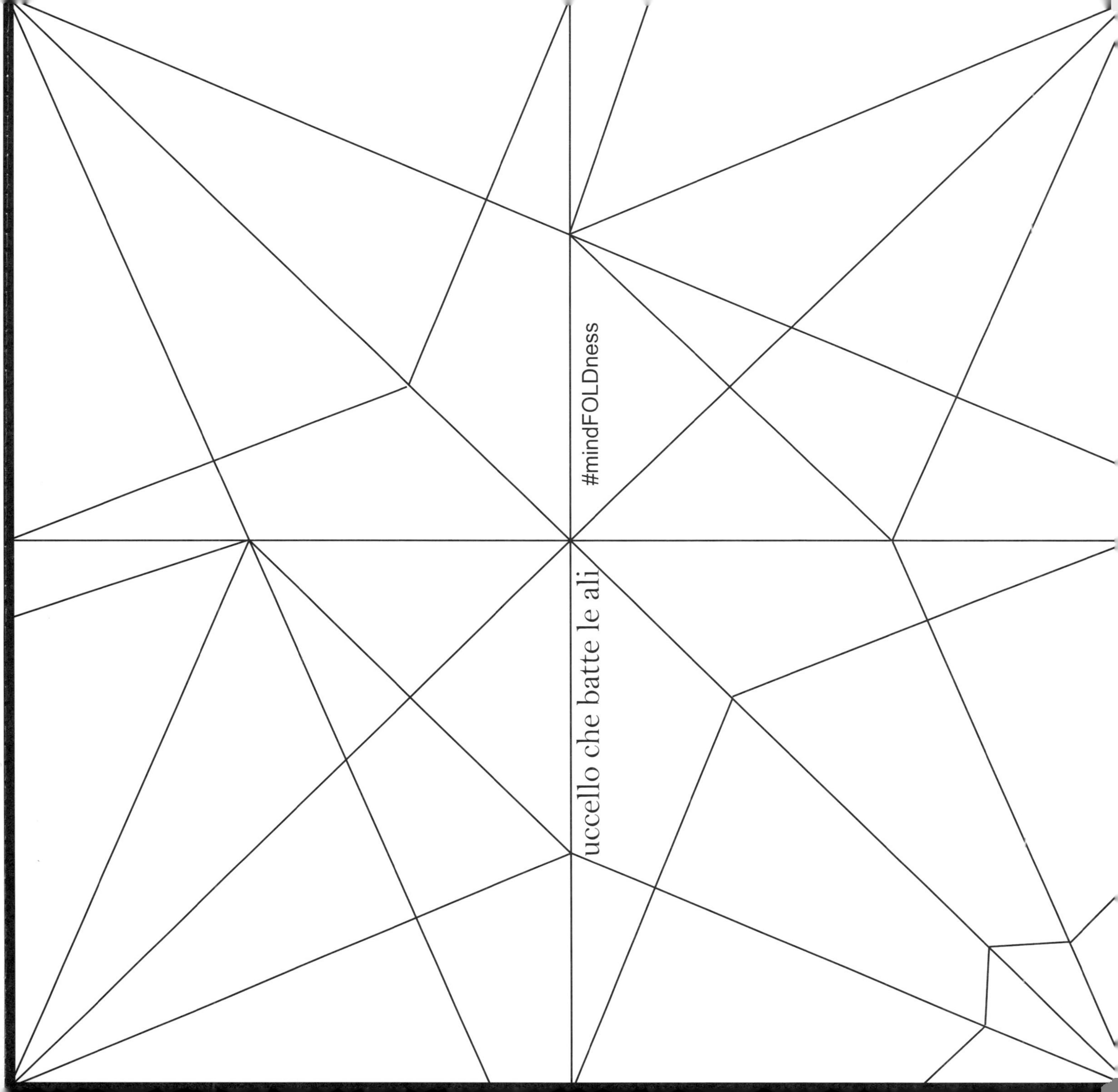
#mindFOLDness
uccello che batte le ali

uccello che batte le ali

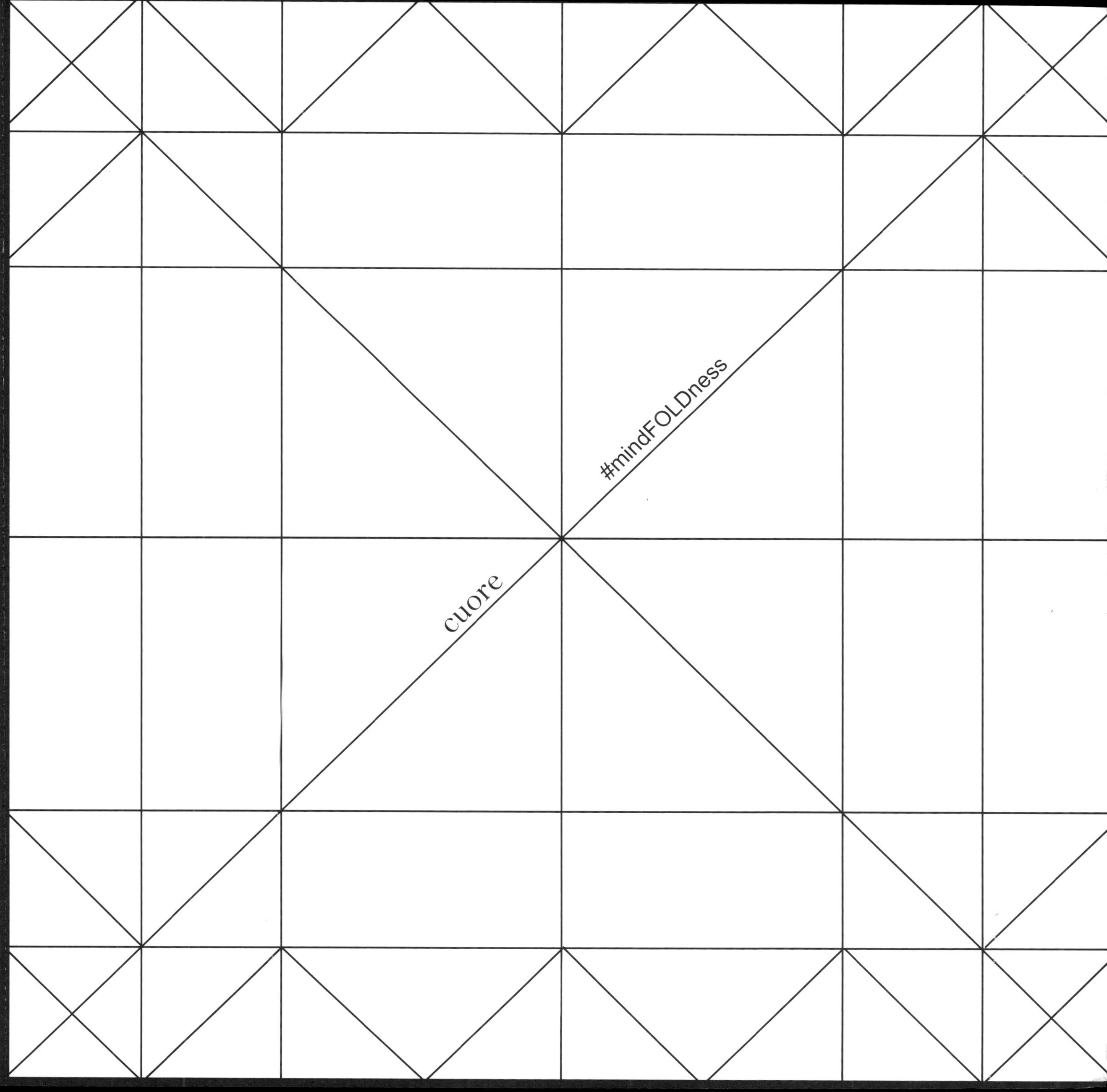
#mindFOLDness
cuore

cuore

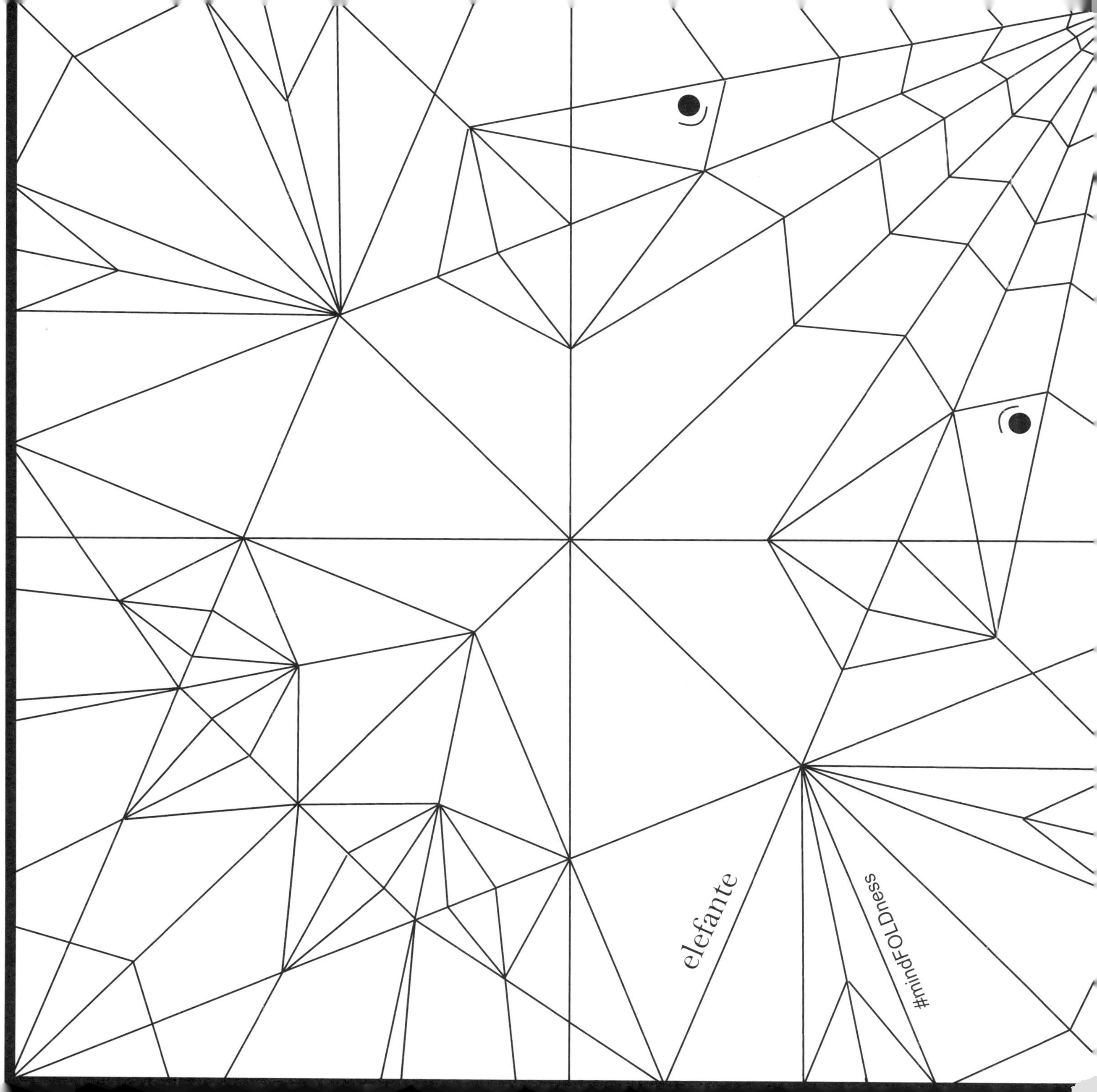
elefante
#mindFOLDness

elefante